Pour ma Nina, en souvenir du beau voyage
de ses parents qui l'aiment fort.

NATHALIE JOUAT

WWOOFING

LE GUIDE

POUR DES VACANCES SOLIDAIRES, ÉCONOMIQUES ET ÉCOLOGIQUES

SECONDE ÉDITION MISE À JOUR

éditions Yves Michel

5 allée du Torrent - 05000 Gap

Tél. 04 92 65 52 24 - www.yvesmichel.org

SOMMAIRE

La préface de WWOOF France

À tous,

« Si nous prenons la nature pour guide, nous ne nous égarerons jamais. » [Cicéron]

Il en est de même pour cet ouvrage qui a pour vocation de vous aider à bien préparer votre wwoofing.

Rédigé avec soin par une wwoofeuse avertie, argumenté et truffé d'anecdotes, il sera votre compagnon, en amont mais aussi lors de vos séjours : une vraie mine d'informations et de conseils utiles !

Son plus, « la réalité augmentée » qui, grâce aux nouvelles technologies, vous permet d'aller plus loin dans vos recherches.

Pour ceux qui hésiteraient encore à se lancer dans cette aventure, ce manuel saura vous convaincre et vous donner envie.

Aider son prochain en nourrissant sa « conscience verte », voyager autrement et agir aujourd'hui pour demain en partageant un autre mode de vie, souvent alternatif, c'est ce que vous propose le wwoofing et ce guide est votre meilleur allié.

Bonne et utile lecture à tous.

Amicalement,

David MARIE,
Président de l'association WWOOF France

UNE SECONDE ÉDITION ATTENDUE

Quelle chance pour un auteur de voir son livre réédité ! Avoir l'opportunité de le mettre à jour, de se tenir au courant des nouveautés liées au sujet qui l'a passionné pendant des mois et des années dans mon cas...

Si j'ai momentanément troqué mon tablier de wwoofeuse pour celui de maman, ce n'est pas pour autant que j'ai décroché du sujet, grâce à vous ! Lecteurs et lectrices, vous avez été très nombreux à me contacter par le biais de mon site Internet et de celui du livre, pour me poser des questions et me parler de vos projets de wwoofers... Je voyage grâce à vous et je vous en remercie sincèrement.

En ces temps de crise, la morosité et l'austérité nous guettent. Le wwoofing est une solution de son temps ! Les chiffres parlent d'eux-mêmes, en mettant à jour la liste des pays où l'on peut wwoofer, on constate clairement que l'intérêt croissant pour ce mode de voyage se traduit par une offre qui s'étoffe. Argentine, Norvège, Thaïlande, Togo... Le wwoofing semble s'implanter partout et offrir une réponse saine au voyageur écolo, économe, en quête de solidarité ou de vacances authentiques, à la recherche d'un apprentissage, ou simplement d'un partage de bons moments.

J'ai hâte de vous rejoindre sur les routes, dans quelques années, avec mes enfants. En attendant, vous pouvez compter sur moi pour répondre à vos questions, si jamais ce précieux guide n'y a pas déjà répondu ! Je vous invite à venir partager vos aventures sur le site Internet du livre et surtout à voyager dans toutes les directions du monde pour que vive le wwoofing !

Solidairement,
Nathalie JOUAT
www.wwoofguide.com - www.nature-construction.com

Nicolas et Nathalie prêts pour un tour du monde en wwoofing

iNTROdUCTiON

Wwoof : un nom étrange, qui fait sourire ou grimacer, qui ne laisse personne indifférent. Un concept original qui gagne à être plus connu en France, à l'heure où beaucoup d'entre nous se demandent comment devenir acteurs de la préservation de l'environnement.

C'est d'un grand ras-le-bol qu'est né notre projet. Après avoir voyagé et vécu en Irlande, puis en Australie, je me suis installée à Paris avec mon mari. Nous avions une vie très agréable, une bonne situation, des amis, un appartement confortable, un quotidien bien organisé. Nous étouffions pourtant, coincés entre le stress de la vie urbaine, les sorties qui ne se refusent pas, les obligations, les craintes pour le futur dans un contexte de crise dont tout le monde parlait. C'est alors que ce drôle de mot est venu à nous au détour d'un salon sur l'éco-construction : wwoofing.
Le wwoofing est un concept de voyage économique, écologique et solidaire : il désigne le travail des « wwoofers » chez des « hôtes » en échange du gîte et du couvert.

Je suis bloggeuse et rédactrice depuis presque huit ans sur la thématique de la protection de l'environnement. Est-ce ma sensibilité à ce sujet qui m'a naturellement portée vers le wwoofing ? Quoi qu'il en soit, quand mon mari Nicolas et moi-même avons décidé de tout plaquer pour partir en voyage/reportage pendant dix-huit mois autour du monde, c'est vers le wwoofing que nous nous sommes naturellement tournés.

Tout était prévu car, en bons managers, nous avions organisé nos déplacements, nos étapes, notre budget et nos thématiques : l'éco-construction, les énergies renouvelables et la permaculture. Notre projet s'est monté en moins de quatre mois, étoffé par la visite de nombreux blogs de wwoofers, par des conversations téléphoniques passionnées avec des gens « qui l'ont fait » et surtout par des heures et des heures de recherches sur la manière de trouver un travail qui corresponde à nos attentes, de s'y retrouver dans les démarches administratives, et trente-six autres interrogations diverses : doit-on prendre une assurance ? À quoi doit-on s'attendre, va-t-on nous donner à manger trois fois par jour ? Faut-il prévoir des draps ? Autant de questions auxquelles nous n'avions pas de réponse. Les baroudeurs nous disaient de ne pas nous inquiéter, que tout irait bien... Mais, vous le savez peut-être, lorsque l'on n'a pas l'habitude de ce genre de voyage, on a rapidement tendance à envisager le pire, même si l'enthousiasme l'emporte toujours sur les doutes.

Notre voyage s'est déroulé avec son lot de bonnes et de mauvaises surprises (je les partagerai avec vous, tout au long de ce guide). Nous étions globalement bien préparés, car d'un naturel assez prévoyant. Il nous est pourtant arrivé de mauvaises expériences et des désagréments qui auraient pu être évités avec un minimum de conseils. Et des conseils, c'est probablement parce que vous en cherchez que vous tenez ce livre entre vos mains... N'est-ce pas ?

Sur le site Internet de notre voyage, nous avons conté nos aventures à notre famille, nos amis et bientôt une petite communauté de lecteurs qui voyageaient à travers nos mots, images et vidéos. Nous avons reçu de nombreux e-mails de futurs wwoofers, se demandant par où commencer. Des e-mails de wwoofers au Japon ou en Nouvelle-Zélande, qui souhaitaient juste nous remercier d'avoir partagé nos bons plans ou avaient besoin de conseils pratiques. J'ai répondu à chacune de ces correspondances avec attention et plaisir. Ce guide du wwoofing, c'est la compilation de mon expérience et de celle des gens que j'ai rencontrés et chez qui j'ai wwoofé. Que vous soyez sur le départ, en pleine réflexion, wwoofer ou hôte, j'espère que vous trouverez réponse à vos questions. Je vous invite à me rejoindre sur le site Internet du livre, où de nombreux lecteurs et futurs wwoofers sont déjà venus échanger et poser des questions pour la préparation de leur voyage. Vous pourrez m'y contacter par e-mail et prendre part à l'animation de la communauté du wwoofing en France.

Nathalie JOUAT

Visitez le site du livre !
www.wwoofguide.com

COMMENT UTILISER CE GUIDE ?

LA RÉALITÉ AUGMENTÉE

Avez-vous remarqué les étranges codes barres carrés disséminés de la couverture à la page de garde ? Ce sont des QR codes, ou encore codes en 2 dimensions. Ces codes sont des liens qui vous renverront vers la page d'un site Internet, vers un fichier téléchargeable ou une image. C'est ce que l'on appelle « la réalité augmentée » et qui me permet de partager avec vous bien plus que des mots.

Munissez-vous d'un smartphone connecté à Internet, pourvu d'un appareil photo et installez une application permettant de lire les QR codes (reportez-vous à la fin de l'ouvrage pour une liste d'applications). Vous pouvez également les prendre en photo avec un appareil numérique, importer les photos sur votre ordinateur et uploader l'image sur un site Internet décryptant ces codes (voir à la fin de l'ouvrage).

Notez que si vous ne souhaitez ou ne pouvez pas utiliser ces codes, vous ne serez pas pénalisé dans la lecture de ce guide du wwoofing. Ces QR codes ne sont que des bonus pour votre plaisir, illustrant le propos principal de l'ouvrage d'une manière originale.

Nous avons créé un site Internet lié à ce guide : wwoofguide.com. Vous pouvez le visiter en parallèle de votre lecture pour y déposer votre avis, vos commentaires, rencontrer d'autres lecteurs (et donc sûrement wwoofers ou hôtes), me poser des questions supplémentaires que je n'aurais pas traitées dans ce guide... C'est VOTRE espace, nous permettant d'échanger tous ensemble sur ce sujet et espérons-le, de créer une communauté active du wwoofing en France.

L'ORGANISATION DU GUIDE

Ce guide s'adresse aux wwoofers ainsi qu'aux hôtes, les deux aspects du concept sont abordés. Vous pouvez lire uniquement les parties qui vous concernent, mais je vous suggère de prêter attention aux autres également, pour comprendre le point de vue de la personne qui vous reçoit, ou de celle que vous recevez.

Que vous souhaitiez wwoofer pour découvrir un métier, pour passer des vacances originales ou pour voyager autour du monde, vous trouverez des conseils en conséquence. En effet, rien ne vous oblige à partir à l'étranger pour commencer à faire du wwoofing si votre but n'est pas de découvrir un pays.

Les chapitres sont parsemés de courts encarts « entre wwoof », illustrant une situation par une anecdote issue de mon voyage. Ce sont des expériences personnelles, venant ponctuer le propos, elles ne vont donc pas systématiquement vous arriver !

Toutes les photos de l'ouvrage ont été prises par mon mari Nicolas Bonniot et moi-même. Les personnes représentées sont les familles qui nous ont accueillis entre mars 2009 et juillet 2010 en France, au Canada, au Japon et en Nouvelle-Zélande. Nous avons réalisé toutes sortes de travaux, qui vous donneront un aperçu non exhaustif des activités susceptibles de vous être proposées.

Ce guide ne vous donnera malheureusement pas d'adresses d'endroits où aller faire du wwoofing. Il serait d'une part impossible de lister tous les hôtes disponibles (tant la liste des pays qui proposent ce concept de vacances solidaires est vaste) et ce serait d'autre part injuste envers le mode de mise en relation hôtes / wwoofers, laissé à la discrétion de chaque association wwoof dans chaque pays (voir « Qu'est-ce que le wwoofing », p. 17). En revanche, nous vous offrons une méthodologie pour définir vos critères de choix et ainsi sélectionner de la meilleure façon possible les familles qui vont vous accueillir ou les wwoofers que vous allez recevoir. Il n'y a pas de recette miracle : dans le wwoofing comme dans la vie, il y a de bonnes et de mauvaises expériences ! Néanmoins, attendez-vous à passer de bons moments et préparez-vous à beaucoup d'émotion.

Rendez-vous sur le site de Wwoof France pour la liste des hôtes français.

www.wwoof.fr

Qu'est-ce que le wwoofing ?

TOUT UN CONCEPT !

■■■ LA GENÈSE DU WWOOFING

« World Wide Opportunities on Organic Farms » : WWOOF ou wwoofing. Un acronyme anglais pour désigner un concept simple et solidaire : les wwoofers donnent de leur temps, quatre à huit heures par jour, quatre à six jours par semaine pour une famille (moins de 25 heures/semaine en France) ou un hôte en échange du gîte et du couvert. Cette phrase suffit à définir la base et l'unique règle de cette activité qui s'est exportée d'Angleterre, où elle est née en 1971, vers plus d'une centaine de pays à travers le monde.

Le wwoofing est une opportunité rare de nos jours : l'apprentissage, le partage et l'aide totalement affranchie de transaction financière. C'est un échange de bons procédés, qui s'articule autour de l'envie d'aider. Le contrat moral tacite qui existe entre un wwoofer et un hôte est basé sur le respect et la compréhension. L'honnêteté sera également une vertu précieuse dans l'établissement d'une relation de confiance réciproque.

Sue Coppard est la fondatrice du concept tel que nous le connaissons aujourd'hui : elle est la première personne à avoir organisé, avec trois amis londoniens, une expédition dans une ferme biologique l'espace d'un week-end. Tous quatre proposèrent main-forte à un fermier, en échange du gîte et du couvert : l'expérience fut si satisfaisante que Sue et ses amis retournèrent voir le fermier toutes les trois semaines. La rumeur circula rapidement dans les campagnes, au sujet de cette « land army » (comprenez « armée des jeunes qui travaillent la terre ») et d'autres fermiers enthousiastes ouvrirent les portes de leurs exploitations à des jeunes courageux et désireux de mettre la main au potager. C'est ainsi que le wwoofing se développa en Angleterre, puis en Grande-Bretagne, dans d'autres pays anglophones et enfin progressivement sur tous les continents. Une fantastique success story !

■■■ UNE ORGANISATION UNIQUE DANS CHAQUE PAYS

Le wwoofing n'est pas un concept normalisé. Il n'existe pas d'instance internationale pour standardiser l'offre dans les différents pays où cette activité est disponible. Le nom lui-même n'est pas officiel, on trouvera aussi bien « world wide opportunity on farms » que « week-end workers on organic farms ». Chaque pays possède sa propre (et par là même indépendante) association de wwoofing qui n'a besoin d'aucun aval pour lancer le concept au niveau national. Dans certains pays, il y a même plusieurs associations de wwoofing non coordonnées (parfois cela est dû à des divergences ou un manque de communication, comme lors de la séparation USA / Hawaï).

Si le concept reste à peu près le même dans tous les pays, la forme et le prix de la cotisation annuelle vous donnant droit au livret contenant les adresses des hôtes varient énormément. Si vous souhaitez wwoofer en France par exemple, il vous en coûtera 15 euros (20 pour un duo) et cette cotisation vous donnera accès à un site simple mais efficace, agrégeant l'adresse des hôtes (pour 25 euros de cotisation seul et 30 euros pour deux, vous recevez en plus un livret papier de la liste des hôtes, plus pratique à consulter en voyage). En Nouvelle-Zélande, la cotisation annuelle de 40 dollars (25 euros environ) vous ouvre les portes d'un mini-réseau social sur Internet. Vous pouvez créer une page de profil personnelle, avec une description de vous, des projets qui vous intéressent, vos disponibilités, votre façon de travailler, des photos, une carte de géo-localisation des lieux où vous avez déjà wwoofé et du lieu où vous êtes, un forum, un tchat, bref tout ce qu'il faut ! Dans beaucoup de pays, l'inscription à l'association n'est pas obligatoire pour wwoofer, c'est une formalité qu'il est cependant important de réaliser (et d'encourager) car le paiement de la cotisation rémunère le travail des organisateurs du wwoofing dans le pays. Mais si quelqu'un vous donne un livret ou l'adresse d'un hôte qu'il recommande, théoriquement personne ne vous empêchera de wwoofer et on ne vous demandera jamais votre numéro d'adhérent. Sauf au Japon (et peut-être dans d'autres pays, mais je n'en ai pas connaissance). Au pays du Soleil levant, l'inscription est obligatoire et indispensable, on vous remet même un « passeport du wwoofer » avec vos photo, signature, numéro d'adhérent, et un filigrane pour empêcher les malins d'outrepasser l'inscription. N'espérez même pas ensuite obtenir une réponse ou être reçu si vous ne présentez pas votre numéro d'adhérent et votre carte de wwoofer. Étrange situation et curieuse façon de faire, plutôt éloignée du concept du wwoofing...

■■■ CE N'EST PAS UNE QUESTION D'ARGENT !

Vous vous demandez sûrement combien coûte le wwoofing ? À part les frais d'adhésion éventuels à l'association wwoof du ou des pays qui vous intéressent, rien du tout ! Les seules dépenses d'un wwoofer économe concernent ses moyens de déplacement ainsi que ses loisirs et effets personnels. Par la suite, il est bien sûr poli d'offrir quelque chose à la famille qui vous a reçu lors de votre départ, et vous pouvez prévoir d'emporter des petits cadeaux avec vous. Hormis cela, si vous passez votre temps de libre à vous promener ou à faire des activités avec la famille, vous ne dépenserez pas un centime (il peut arriver aussi que la famille qui vous reçoit vous demande de participer sur des activités payantes, mais c'est, d'après notre expérience, plutôt rare) ! Beaucoup de personnes sans emploi ou d'étudiants partent ainsi durant plusieurs mois malgré leur faible bourse. Le wwoofing est une formidable opportunité de voyager, de découvrir le monde et des contrées magnifiques pour les moins fortunés. Si vous choisissez le wwoofing comme base d'un tour du monde ou d'un grand voyage, il est possible que votre budget s'alourdisse. En effet, les déplacements coûtent parfois très cher (en particulier dans les pays peu touristiques) et vous aurez parfois besoin de faire un break, de prendre une chambre dans un hôtel ou une auberge de jeunesse pour vous ressourcer. Dans le quatrième chapitre de ce livre, vous trouverez des suggestions d'organisation pour les longs voyages, ainsi que quelques pistes de financement...

■■■ L'ÂGE DE WWOOFER

Le wwoofing est une activité qui s'adresse aux individus de « 7 à 77 ans » selon la formule consacrée... Cette fourchette est volontairement très large pour n'exclure personne. Il n'y a pas de règles ou d'interdits, mise à part une restriction concernant les mineurs non accompagnés (qui doivent demander l'autorisation à leurs parents ou tuteurs). En France (et depuis avril 2010), il faut être majeur pour devenir adhérent de l'association. Comme vous le découvrirez au chapitre concernant la famille, les jeunes enfants sont des invités bienvenus dans beaucoup de foyers, surtout lorsqu'ils peuvent devenir des partenaires de jeux pour les enfants des hôtes ! On constate que la population la plus représentée se situe dans les 21-35 ans. Sans faire de généralités, les moins de 21 ans sont souvent des étudiants en année sabbatique, des jeunes qui souhaitent diversifier leurs compétences (ou apprendre un nouveau métier) ou qui sont partis de chez eux de manière précoce et voyagent en attendant de se stabiliser. Les plus de 35 ans sont parfois seuls, en transition professionnelle ou à la recherche d'un mode de vie différent. Les parents avec leurs enfants s'évadent quelquefois le temps d'un trimestre pour offrir à leur famille une pause campagnarde. On croise également des wwoofers seniors, qui sont jeunes retraités ou en cessation d'activité professionnelle et à la recherche d'un nouvel équilibre.

ENTRE WWOOF...

En Nouvelle-Zélande, nous avons wwoofé dans une famille recevant une connaissance américaine : une dame d'environ 55 ans qui venait de perdre son emploi et profitait de quelques mois libres pour découvrir le pays du kiwi en vue de s'y installer peut-être définitivement.

■■■ LE WWOOFING POUR TOUS

Peut-on wwoofer avec un handicap ? La réponse dépend de la personne qui vous reçoit. Les familles qui hébergent dans une maison de plain-pied, avec de larges portes et un accès facile aux commodités peuvent accueillir les wwoofers en fauteuil roulant ou à mobilité réduite. Encore faut-il que le travail disponible s'adapte à la forme du handicap. Il ne faut pas oublier que le wwoofing reste un concept ancré dans la solidarité et le soutien : ainsi, malgré une invalidité partielle et avec de la bonne volonté, on peut se rendre utile dans de nombreuses tâches (comme la cuisine, la petite manutention...). Il suffit d'inventer la vie qui va avec et expliquer aux hôtes que cette petite différence sera très probablement surmontable avec leur patience et leur générosité... Et que votre enthousiasme ainsi que votre sens du partage combleront très vite cette différence !

Il n'y a pas d'âge pour wwoofer, la motivation reste la qualité la plus importante !
En Nouvelle-Zélande, chez Éric et Nancy

ENTRE LE WWOOFER ET SON HÔTE

DES ACTIVITÉS TRÈS DIVERSIFIÉES

Les activités que vous êtes susceptible de réaliser sont nombreuses. Voici une petite liste non exhaustive :

- **Le jardinage :** C'est une activité très courante, elle pourra être la base de votre séjour ou une partie. Bien souvent, les hôtes sont des familles avec plusieurs enfants qui souhaitent acquérir une relative autonomie alimentaire. Vous serez donc invités à désherber (très souvent), à bêcher, à planter, à semer, construire des lits de terre, transférer des plantes en pots dans la terre, élaguer, tailler, racler, chasser les nuisibles... Mais également récolter et manger ! Le travail au jardin est plus fastidieux dans les familles où la culture est biologique (ce qui est le cas chez presque tous les hôtes, même s'ils ne sont pas certifiés). D'un autre côté, cela vous épargne l'usage de produits chimiques nocifs, et vous goûterez la différence si vous consommez lesdits légumes ! Si le jardinage vous intéresse, vous pourrez apprendre beaucoup de choses concernant l'agriculture biodynamique, la permaculture... La transmission des savoirs par l'expérience est le petit plus du wwoofing !

Le jardinage est une activité très courante en wwoofing.
En Nouvelle-Zélande, chez Rick et Jo

↔ ENTRE WWOOF...

Notre voyage a commencé au printemps, nous avons donc passé beaucoup de temps à jardiner, désherber, éclaircir (enlever à la main les petites pousses trop serrées), racler... Ce sont des étapes bien fastidieuses et ingrates, qui le sont d'autant plus que si vous ne restez pas assez longtemps, vous ne pourrez consommer le fruit (ou le légume) de votre travail ! Fort heureusement, arrivés au Canada, nous avons cette fois-ci wwoofé pour récolter. En Colombie-Britannique, nous avons ramassé des kilos de haricots, de pêches, de poivrons, de tomates... Nous avons goûté ces mets succulents, cuisinés et mis en bocaux les délicieux légumes que la famille stockait en vue de l'hiver rude de cette région.

http://bit.ly/qrrnZ2

La description d'une journée de wwoofing « jardinage » très conviviale.

- **Le soin aux animaux :** Si vous vous installez dans une ferme, ou chez des particuliers ayant des animaux d'élevage, il y a de fortes chances qu'on vous demande de vous en occuper. Ainsi, si vous aimez les chevaux et que vous savez en prendre soin, vous pouvez postuler dans un centre équestre ou une pension équine. En Australie, de nombreuses écuries ouvrent leurs portes même à ceux qui ne connaissent pas bien les chevaux. Vous avez toujours rêvé de jouer au cowboy rassemblant le troupeau au soleil couchant, sur une belle selle en cuir, une brindille en bouche ? C'est le moment de vous lancer, il existe de tels endroits où wwoofer !

Outre les chevaux, vous rencontrerez beaucoup de troupeaux de vaches, de moutons, des poules et des poulets, des chèvres, des chiens... Si vous n'avez rien contre le lever aux aurores, vous pourrez assister le fermier dans la traite des chèvres ou des vaches (il faut un bon entraînement pour les vaches !) ainsi que dans la réalisation, s'il y a lieu, de fromage, de beurre, de crème fraîche... Profitons-en pour préciser que, si vous vous déplacez avec votre animal de compagnie, vous devez en tenir informé votre hôte et lui demander la permission de l'amener avec vous !

↔ Entre WWOOF...

Si vous êtes végétarien ou sensible à l'abattage des animaux, renseignez-vous pour savoir si la ferme où vous vous rendez ne fait qu'élever les animaux, car beaucoup de familles consomment également les animaux dont elles s'occupent. Ainsi en France, dans le Gard, nous avons wwoofé dans une famille qui élevait des bancs de poulets bio et qui occasionnellement nous en offrait au déjeuner ! Ils étaient absolument succulents et cuisinés dans un grand four solaire parabolique. Au Canada, nous avons wwoofé chez des fermiers complètement autonomes, qui élevaient des vaches et des chèvres pour leur lait et leur consommation. J'ai donné le biberon à un petit cabri adorable, qui a fini dans leur assiette quelques jours plus tard (nous étions déjà partis).

Une maisonnette en sacs de sable.
En Nouvelle-Zélande chez Nancy

Construction d'une maison en bois d'essence locale.
Au Canada, chez Rick Helen et Éric

La construction écologique : Quelques familles construisent ou rénovent leur maison et sollicitent l'aide de wwoofers novices ou expérimentés pour leur donner un coup de main. Si vous avez une profession dans le domaine de la construction, votre expérience sera très appréciée. Les charpentiers, menuisiers, couvreurs, maçons sont très recherchés et assistent les familles dans leurs projets. Mais si vous n'avez jamais tenu un marteau, planté un clou ou utilisé une tronçonneuse, le wwoofing peut être le moment d'apprendre (reportez-vous au chapitre suivant concernant les assurances) ! De nombreuses petites tâches ne requièrent que de la patience et de la minutie, pas besoin d'expérience (du moins pas professionnelle).

Il peut vous arriver d'avoir à construire des tipis, d'aider au montage ou à la fabrication d'une yourte, de retaper une vieille roulotte ou une caravane en logement d'appoint, de faire une construction annexe en sacs de terre, de découvrir celle en ballots de paille, d'apprendre à construire un igloo de neige... Bref si vous êtes attiré par la construction écologique, c'est le moment d'ouvrir grand vos yeux et vos oreilles !

Le bricolage et l'expérimentation : Autrefois destiné presque exclusivement aux agriculteurs et aux fermiers, ou en tout cas aux professionnels, le wwoofing s'est maintenant étendu à toutes les familles qui acceptent d'accueillir des wwoofers. C'est ainsi que vous aurez sûrement l'occasion de partager et d'intégrer complètement, pendant une période plus ou moins longue, la vie d'un couple, d'un trio ou d'une grande famille qui, empêtrés dans leur quotidien, n'ont pas le temps de ranger leur cave, de vider leur garage, d'installer une étagère, de réparer un vélo, de couper du bois, de construire des toilettes sèches... Les tâches peuvent être diverses et variées, généralement organisées en «projet». C'est d'ailleurs de cette manière qu'il est préférable de structurer votre séjour : un projet vous permet d'avoir un but, de gérer votre temps de travail (abordé au chapitre suivant) et d'être fier de vous lorsqu'il s'achève avec succès. Un projet important peut être chronophage et, si vous êtes passionnés par ce que vous faites, vous ne compterez pas vos heures ! Il est par ailleurs préférable qu'un séjour se passe de la sorte, plutôt qu'en une longue succession de petites tâches sans queue ni tête qui vous ennuient... car dans ce cas, même quatre heures par jour, le temps va vous sembler très long.

Nicolas a imaginé et construit un panneau solaire thermique à partir d'éléments de récupération, trouvés à la déchetterie.
Au Canada, chez Colette

ENTRE WWOOF...

Nous avons fait bon nombre d'«expériences» chez nos hôtes : construction d'un cuiseur solaire avec des éléments de récupération en France, élaboration et construction d'un panneau solaire thermique avec les vieux tuyaux de cuivre d'un radiateur au Canada, réparation fortuite de ruches pour accueillir un nouvel essaim en Nouvelle-Zélande, cuisine d'herbes sauvages en tempura (beignets) au Japon... Nous avons appris énormément de choses, même si nos projets ne se sont pas tous révélés viables (ou comestibles !).

Une vidéo détaillée de la construction d'un cuiseur solaire, réalisé par nos soins pendant un séjour de wwoofing

http://bit.ly/pi4amc

- **L'intendance et le service à la personne :** Il vous arrivera très probablement (surtout dans les pays anglo-saxons, ou plus généralement dans les pays riches) de vous transformer ponctuellement en baby-sitter, en partenaire de jeu pour des enfants, en professeur d'appoint pour les devoirs du soir, en compagnon de thé ou de bridge pour des personnes âgées, en cuisinier pour la famille, en promeneur de chien, en femme de ménage... Ces travaux n'ont apparemment rien à voir avec les «willing workers on organic farms». Cependant, si vous souhaitez vous reposer (et vous en aurez parfois bien besoin), visiter une région ou tout simplement si vous aimez ce genre d'activités, ça n'a rien d'incongru ! Le wwoofer est avant tout destiné à s'enrichir personnellement sur le plan humain. Vous pouvez certes avoir envie de découvertes en dehors de votre quotidien, de grand air ou d'exercice physique, mais un moment de convivialité passé avec une mère de famille, des enfants, ou un bon repas préparé par vos soins et partagé avec vos hôtes apporte tout autant de satisfactions.

Des activités variées, donc, mais les wwoofers heureux sont finalement ceux qui se satisfont de toutes les situations et qui acceptent toutes les opportunités qui se présentent comme de nouvelles expériences et l'occasion de s'instruire. Car vous aurez toujours des choses à apprendre, de ceux qui ont choisi de vivre d'une manière originale ou différente de la vôtre. Que ce soit sur la manière de faire la vaisselle, d'organiser votre journée, la composition des repas, la tenue d'un outil... tous les petits trucs serviront aux débrouillards qui ouvrent grand leurs esprits !

Après-midi d'exploration du lac, en canoë avec les enfants.
Au Canada, chez Colette

Toutefois, si d'aventure vous séjournez chez des hôtes qui ne respectent pas vos choix, vous obligent à faire des tâches trop dangereuses, difficiles, ou vous rendent malheureux pour quelque raison que ce soit, partez. Rien ne vous oblige à subir une expérience désagréable. Le wwoofing, c'est comme la vie, il y a des bons et des mauvais côtés, des bonnes maisons où passer d'agréables moments et d'autres qui, sans être foncièrement mauvaises, ne vous correspondent tout simplement pas. Personne ne vous demandera de vous sacrifier et vous êtes là pour passer un séjour plaisant, alors n'hésitez pas à poliment vous excuser et à vous en aller si votre cœur vous le dit ! Si vous vivez une expérience particulièrement mauvaise ou qu'un hôte prend des wwoofers pour de la main-d'œuvre gratuite sans leur accorder d'attention, vous pouvez (et devez) en référer à l'association wwoof du pays où vous voyagez. Certains sites de wwoof (comme celui de Nouvelle-Zélande) vous permettent de laisser des critiques ou des recommandations sur la page des hôtes (il en va de même pour les wwoofers qui peuvent être notés) un peu comme sur eBay, le site d'enchères ! Cette solution, quoique très « marchande », permet d'éviter ou de limiter les fraudes.

Notez que si l'association de wwoof du pays qui vous intéresse (et c'est valable également pour la France) s'engage à vous distribuer la liste des hôtes et leur contact, elle n'a en revanche aucun compte à vous rendre quant aux informations qui y sont répertoriées.

↔ ENTRE WWOOF...

Les goûts et les couleurs... Vous connaissez la suite ! En Nouvelle-Zélande, nous avons été acceptés dans un éco-village très réputé pour y passer plusieurs semaines et apprendre la permaculture. Lorsque nous sommes arrivés, à l'heure et au jour dit, c'était le moment des adieux pour d'autres wwoofers français qui étaient restés plus de deux mois. Tout le monde était très triste et nous nous sommes sentis vraiment de trop... Ensuite, alors que nous pensions partager la vie d'une des familles habitant l'éco-village, nous nous sommes trouvés logés à l'écart dans une maison pour les wwoofers. Chaque soir, nous allions tout de même manger à une table du village : mais ils se critiquaient tous les uns les autres, ce qui a encore accru notre déception ! Nous nous sommes sentis oppressés dans cette ambiance digne d'un mauvais téléfilm et avons choisi de partir au bout de quelques jours. Nous n'avons pourtant jamais jugé cet endroit comme « mauvais », il ne correspondait simplement pas à l'idée que nous nous étions fait d'un éco-village.

■■■ PROFITER SANS S'IMPOSER

Vous pouvez wwoofer autant de temps que vous le souhaitez. Que ce soit dans le cadre d'un voyage autour du monde, d'un voyage dans un seul pays pendant quelques mois ou toute une année sabbatique, ou même dans votre propre pays, rien ne vous oblige à vous arrêter. Sauf peut-être la lassitude ! Le wwoofing est une activité qui implique, par définition, de la promiscuité. Être avec les autres, loin de ses amis, de sa famille, pendant plusieurs mois d'affilée, peut se révéler épuisant. Si vous voyagez de famille en famille, votre environnement change constamment : il faut vous réhabituer à de nouvelles règles de vie, prendre vos repères pour vous sentir bien, vous familiariser avec votre entourage. Et surtout, il faut vivre dans votre sac à dos. Beaucoup de wwoofers sont très sociables et parfois bohèmes, ils se contentent de peu, sont heureux partout et tout le temps, c'est formidable ! Mais même les plus conciliants ont besoin de se recentrer sur eux-mêmes de temps en temps. Ne négligez pas votre solitude si vous voyagez pendant longtemps. Qui veut aller loin ménage sa monture et son esprit ! D'expérience personnelle, je vous recommande de prendre au moins une semaine tous les trois ou quatre wwoof. Une petite semaine dans un endroit calme, pour faire le point sur ce que vous avez appris, les merveilles que vous avez partagées, pour capitaliser ces belles choses et repartir du bon pied. Omettre ces simples moments avec vous-même peut vous amener à être irritable, car fatigué. Chacun est différent, c'est à vous de trouver le rythme qui vous convient. Écoutez votre corps et vos émotions, car le wwoofing, c'est aussi un moment privilégié pour prendre soin de vous, faire une pause loin des obligations de nos quotidiens survoltés !

Le paradis se trouve peut-être à quelques kilomètres de l'endroit où vous wwoofez. Ici, au sud de la Nouvelle-Zélande

ENTRE WWOOFERS

Vous avez le voyage dans la peau et rêvez de partir à l'aventure ? Mais vous n'avez pas de compagnon de voyage, de conjoint aventurier et pensez qu'il est difficile de partir seul(e) ? Le wwoofing est la solution à votre problème !

Après plusieurs observations et sondages auprès d'hôtes dans différents pays, je peux vous confier la conclusion suivante : la majorité des wwoofers commencent seuls. C'est une expérience tellement singulière et originale qu'on peine parfois à trouver quelqu'un pour la partager. Doit-on pour autant s'en priver ? Pas du tout, car les wwoofers ne sont jamais vraiment seuls. Vous serez sans cesse entouré d'une famille qui, selon les cas, vous accueillera comme un membre à part entière ou comme un invité. Quoi de plus facile que de se sociabiliser en présence de personnes qui vous attendent, avec qui vous travaillez et qui partagent jusqu'à leur maison avec vous ? Les liens qui se créent entre les wwoofers et leurs hôtes sont souvent très sincères (et d'autant plus forts que vous resterez longtemps).

Mais sur la route et dans ces familles, vous ferez aussi la connaissance d'autres wwoofers. Certaines maisons en acceptent plusieurs en même temps : il n'est pas rare de se retrouver à quatre ou cinq, selon la charge de travail que propose la famille. Peut-être partagerez-vous une petite dépendance réservée aux wwoofers ? Ces ambiances conviviales sont parfaites pour se faire des amis. Vous pourrez être amené à rencontrer des gens de tous les pays, de toutes les cultures – il est alors pratique de parler un peu anglais pour faciliter la communication.

Vous croiserez énormément de wwoofers allemands et anglais, ce sont probablement les deux nationalités les plus représentées... avec les Français. Malgré les apparences, nous sommes de grands voyageurs et vous rencontrerez beaucoup de nos compatriotes ! Pas toujours très pratique pour faire des progrès en anglais, mais quelle drôle de coïncidence de rencontrer quelqu'un venant de la même ville que vous à des milliers de kilomètres ! Beaucoup de Japonais font du wwoofing, ainsi que des Espagnols, des Italiens, des Américains, des Israéliens, des Coréens, des Australiens, des Néo-Zélandais, des Canadiens, des Suédois... Impossible de faire une liste, vous êtes susceptible de rencontrer des gens du monde entier : c'est la magie du wwoofing !

Si vous vous liez d'amitié avec d'autres wwoofers, vous voilà prêt à continuer en binôme ou en trinôme. Sachez que l'organisation n'est pas la même lorsque l'on wwoofe à plusieurs. Il faudra vous y prendre à l'avance pour réserver suffisamment de place chez les hôtes, mais aussi vous mettre d'accord sur les localités choisies ainsi que le type de travail que vous souhaitez faire. Mais wwoofer à plusieurs a des avantages : vous n'êtes jamais seul et vous vous sentez plus rapidement à l'aise chez les familles qui vous reçoivent : l'union fait la force ! Vous pouvez organiser vos déplacements en commun pour faire des économies. Les femmes seules se sentiront plus en sécurité. Dans certaines maisons, les soirées (quand il y a de jeunes enfants) et les après-midi sont parfois calmes. Être à plusieurs vous permet de vous occuper en dehors de vos heures de travail. Et vous pourrez même profiter de quelques jours ensemble pour prendre de petites vacances, vous détendre et vous amuser.

De bons moments vous attendent au coin du feu.
N'oubliez pas votre instrument si vous êtes musicien !

Mickey

Le wwoofer enthousiaste

COMMENT DEVIENT-ON WWOOFER ET POURQUOI ?

■■■ POURQUOI WWOOFE-T-ON ?

Les raisons et motivations sont multiples et variées.

Certains souhaitent s'évader, l'espace d'une semaine ou de quelques jours, loin des villes, de leur travail et du bruit.

D'autres aspirent au voyage, que ce soit dans leur pays ou ailleurs. Travailler chez un fermier, un agriculteur ou une famille permet d'entrevoir et de partager le quotidien des habitants de la contrée visitée. À ceux qui n'aiment pas le tourisme de masse, je recommande le wwoofing puisque les relations fortes qui vous lieront à coup (presque) sûr avec vos hôtes vous décolleront provisoirement l'étiquette de « vacancier » scotchée dans votre dos ! Et puis, quoi de mieux qu'une activité bénévole pour découvrir une région en toute quiétude ? Vos heures de travail passées, il ne vous restera plus qu'à partir, seul ou accompagné de vos hôtes et nouveaux amis wwoofers, à la découverte de l'endroit qui vous accueille.

D'autres encore, comme mon mari et moi-même, partent pour apprendre quelque chose. Nous avons croisé de nombreux curieux, venus de loin ou de tout près pour troquer leur force de travail contre un peu de savoir-faire dans un domaine. Si vos centres d'intérêt tournent autour de l'environnement, l'agriculture (ou le jardinage) bio, de l'élevage, de l'autonomie, de la construction, de l'éducation, de l'artisanat..., vous trouverez facilement quelqu'un pour en discuter et partager son expérience avec vous.

Les jeunes Allemands ont pour tradition plus ou moins officielle de se rendre dans un pays étranger lors d'une année de césure entre le lycée et l'université. Une bien intéressante coutume, qui leur permet de perfectionner une langue étrangère (bien souvent l'anglais). Inspirons-nous-en !

En immersion totale dans une famille anglo-saxonne ou espagnole, la progression est rapide et efficace. Par ailleurs, les hôtes de wwoofing ont bien souvent eux-mêmes voyagé : ils feront sans doute preuve d'une grande patience et d'une envie de vous aider.

Quelques personnes se retrouvent à wwoofer un peu par hasard, sur un conseil d'ami, suite à une situation financière compliquée ou simplement parce qu'elles aiment le contact avec autrui.

S'il y a des qualités et compétences facultatives ou dont on pardonnera l'absence aux nouveaux wwoofers (comme la main verte ou l'esprit bricoleur), il est en revanche indispensable d'être sociable et généreux. Généreux en temps, en conversation, en soutien, en amitié et parfois en amour, en écoute et en sourires.

Vous acquerrez de nouvelles compétences, parfois bien différentes de vos expériences passées.
En France, chez Annet et Bruno

Souriez ! Beaucoup de personnes timides communiquent par le sourire et se détendent en présence de wwoofers positifs et généreux.
Au Canada, chez Annette et Rejean

↔ Entre WWOOF…

Réfléchissez bien aux raisons pour lesquelles vous souhaitez faire du wwoofing. Clarifier votre projet vous aidera à trouver les mots justes pour expliquer vos motivations lorsque vous prendrez contact avec la famille qui va vous accueillir. Soyez précis sur vos aptitudes, vos intentions et vos attentes, cela vous évitera des déconvenues et des mauvaises surprises !

En parallèle, ne soyez pas trop dur avec vos hôtes si l'expérience que vous vivez n'est pas exactement celle espérée. Durant notre voyage, il nous est arrivé de faire des activités très différentes de celles que nous espérions. À une occasion, nous avons même été invités à dormir à l'extérieur par manque de place, en proie aux moustiques, aux ours et aux loups (c'était dans les montagnes canadiennes). Et pourtant, ces expériences font partie de notre voyage et restent parmi les plus… exotiques et intéressantes !

COMMENT WWOOFE-T-ON ?

Les démarches d'adhésion aux associations wwoof sont on ne peut plus simples et rapides. Elles sont quasiment similaires dans tous les pays. Il suffit de se rendre sur le site Internet de la plate-forme internationale qui répertorie ceux de tous les pays disponibles.

Liste et liens des sites wwoof de tous les pays

http://bit.ly/16404By

Remarquons ici qu'il existe deux types d'associations de wwoofing :

- celles qui sont nationales, c'est-à-dire une association = un pays = une adhésion,
- celles qui sont internationales, par exemple celles d'Amérique du Sud : plusieurs pays sont regroupés dans les livrets d'adresses. En revanche, il y a beaucoup moins d'adresses que dans les pays possédant une association nationale.

Une fois le pays choisi, il faut s'acquitter du prix de la cotisation (celui dont nous vous parlions plus haut). Celle-ci donne le droit de consulter l'indispensable liste des hôtes susceptibles de vous recevoir (attention, vous devez les contacter avant d'arriver chez eux, pour savoir s'ils ont de la place !), leur localisation, ainsi que les activités qu'ils proposent, leurs besoins et éventuellement leurs exigences (certains ne veulent pas d'animaux, que des couples, ou seulement des femmes, ont besoin d'un charpentier ou d'un jardinier...).

Chaque association wwoof nationale étant indépendante des autres et non soumise à des règles de normalisation, les sites Internet sont tous très

Le livret des hôtes Néo-Zélandais, 2010.

différents ! Par exemple, celui de l'association française est sobre (mais efficace). Cela tient également au fait que le wwoof français est jeune (moins de sept ans). En revanche, en Nouvelle-Zélande, où le principe existe depuis plus de dix ans, le site Internet est très évolué et interactif. Il est possible de créer un profil avec photos, liens et recommandations attachées. On peut s'exprimer sur un forum, passer des annonces et même géo-localiser sa présence pour rencontrer d'autres wwoofers (pratique dans ce petit pays).

L'inscription sur le site donne droit au livret physique (en papier) des adresses des hôtes, ou bien à un identifiant et un mot de passe de connexion pour les consulter en ligne. Je recommanderais la seconde option, puisque le livret ne comporte pas toujours toutes les informations nécessaires au choix de l'hôte – c'est une version simplifiée et surtout non mise à jour : certaines annonces sont obsolètes et cela risque de vous faire perdre du temps.

Rassurez-vous, de nos jours on trouve des cybercafés rudimentaires même au fin fond du Pérou ou de la campagne norvégienne !

Vient ensuite un difficile moment. Parmi toutes ces possibilités (parfois des centaines ou des milliers) à la ferme, dans une exploitation agricole, chez une famille construisant une maison, chez des artisans ayant besoin d'un coup de main, chez des viticulteurs bio... qui choisir et comment ?

Pour ne pas vous tromper, commencez par vous poser des questions sur vos envies et motivations.

Wwoofez-vous pour découvrir un pays ? Auquel cas il serait judicieux de se trouver proche de commodités, de transports en commun ou d'une grande route. Il faut en discuter avec vos hôtes, certains sont plus enclins que d'autres à vous emmener camper le week-end, ou à aller boire un verre avec vous le soir en ville.

↔ ENTRE WWOOF...

Au Japon, nous avons souvent lu dans les annonces d'hôtes agriculteurs, que l'unique jour de congé de la semaine serait celui où il pleut. Au contraire, en Nouvelle-Zélande, nous étions parfois chez des familles qui arrangeaient tout pour notre convenance : deux jours de congé en semaine pour éviter le monde des week-ends, priorité aux jours de grand bleu et même pique-nique de midi offert !

Wwoofez-vous pour apprendre quelque chose ? Ne soyez pas trop restrictif et déterminez deux ou trois activités qui vous tiennent à cœur. Épluchez ensuite la liste des hôtes par mots clefs et croisez cela avec la localisation qui vous arrange. Souvent, il faudra faire des compromis, mais l'expérience sera certainement enrichissante ! Certains hôtes qui réalisent un projet très particulier apprécient que les wwoofers aient des compétences dans ce domaine, par exemple la construction, ou le soin aux animaux. Parfois, ils acceptent les débutants et les forment : ce genre de situation est plus rare mais elle existe et vous apportera à la fois plaisir et savoir-faire (souvent, la contrainte d'une durée de séjour minimale sera imposée par l'hôte, afin que l'échange se fasse dans les deux sens et que vos progrès puissent lui servir). Plus souvent, on vous confiera de petites tâches (plus vous restez, plus vous serez autonome), ou la possibilité d'assister la famille dans son activité.

Wwoofez-vous pour découvrir un nouveau mode de vie ? Le wwoofing est un milieu « alternatif » des deux côtés ! Les personnes qui choisissent d'ouvrir généreusement leur maison à des inconnus, de partager avec eux leur quotidien, leur table, leur intimité sont souvent ouvertes d'esprit. Ce sont d'anciens voyageurs, des familles joyeuses et optimistes qui vivent dans l'envie constante de donner, des gens passionnés qui souhaitent transmettre l'amour de leur métier ou leur goût de la simplicité. De la même manière, les personnes qui décident de quitter à court ou à long terme leur confort, leurs repères, leurs habitudes, pour s'habiller du quotidien des autres sont curieuses et disponibles. Il y a beaucoup à apprendre des uns et des autres dans cet échange de temps et de travail. Si vous aspirez à une existence plus sobre, à la campagne et/ou à plus d'autonomie, le wwoofing sera l'occasion de tester ce genre de vie.

↔ Entre WWOOF...

Durant notre voyage, nous avons rencontré des personnes vivant en autonomie presque parfaite. Leur maison, équipée de panneaux solaires, d'éoliennes ou de petites centrales hydroélectriques leur évitait d'être raccordées au réseau électrique. La présence d'une source, l'installation d'un système phytosanitaire et de toilettes sèches étaient en adéquation avec cette volonté d'autonomie. Au Canada, nous avons vécu avec une famille de six personnes qui produisaient presque l'essentiel de leur alimentation : bovins pour la viande et le lait, grand potager et confection de pain, fromage, beurre... Ils ne s'approvisionnaient qu'en céréales, thé et café. Si vous êtes intéressé par une expérience de ce type dans un pays anglo-saxon, cherchez les annonces stipulant : off the grid (« non connecté au réseau ») mais soyez prêt à faire quelques compromis sur votre confort !

http://bit.ly/pEj5kF

Une maison autonome et sans facture en France

Wwoofer pour apprendre à utiliser les énergies renouvelables.
En France, chez Bruno et Anne, stage de construction d'éolienne

Lorsque vous aurez déterminé la raison qui vous pousse à vous lancer dans l'aventure du wwoofing, il faudra organiser les détails plus matériels.

Est-ce que vous aimez les enfants ? Question anodine et pourtant essentielle, qui peut vite transformer votre séjour en cauchemar si ce n'est pas le cas. Il arrive que des familles nombreuses, voire très nombreuses, et avec des enfants en bas âge, prennent des wwoofers. Quand on est nombreux à table, une ou deux bouches de plus à nourrir, ce n'est qu'une sinécure et pourtant, pour vous cela peut se transformer en un wwoof cuisine et garde d'enfants ! Une expérience que nous avons vécue au Canada, où je m'occupais de la cuisine pour sept à neuf personnes quotidiennement.

Est-ce que vous voyagez en couple, avec un(e) ami(e) ou seul(e) ? Les conditions d'hébergement varient de tout à rien. Vous pourriez vous voir reléguer dans une tente au fond du jardin, dans un dortoir ou une maison pour wwoofers ou bien encore dans une chambre avec un lit king size. Prévenez votre hôte de votre condition et précisez si vous avez besoin d'intimité ou préférez être seul(e).

Les conditions d'hébergement peuvent être simples, comme ici, un simple (mais confortable) futon dans une pièce de vie. Au Japon, chez Masa-San

Aimez-vous la promiscuité ? Dans certaines maisons, on fait tout en commun. Du repas aux activités hors travail, le soir et les week-ends, vous serez souvent invité(e) à prendre part à toutes les activités de la famille pour votre plus grand bonheur, ou pas ! Lors de notre expérience autour du monde, nous travaillions de temps à autre comme reporters et nous avions parfois besoin de temps pour écrire et nous concentrer sur nos articles. Nous avons systématiquement expliqué la situation à nos hôtes et collègues wwoofers pour ne pas paraître impolis ou misanthropes. Certaines familles aiment également recevoir plusieurs personnes en même temps (nous avons été jusqu'à sept wwoofers), c'est une magnifique opportunité de se faire de nouveaux amis ! Mais peut-être préférerez-vous l'ambiance plus intimiste d'un wwoof où vous êtes le seul invité ?

Avez-vous un moyen de transport ? Si vous avez besoin que l'on vienne vous chercher à la gare de train, de car, ou à l'aéroport, n'oubliez pas de prévenir votre hôte. Dans certains pays, vous pouvez également compter sur l'auto-stop, notamment au Canada (où il est appelé « le pouce »). Cependant, soyez vigilant : évitez de faire du stop si vous êtes seul(e) et garder en tête les précieux conseils de votre mère sur l'attitude à respecter vis-à-vis des inconnus !

Craigslist
un site très utile pour le co-voiturage et d'autres services communautaires dans beaucoup de pays du monde.

www.craigslist.org

Informez-vous du régime alimentaire de vos hôtes pour vous sentir à l'aise et partager de bons repas ensemble !

Souhaitez-vous un séjour court ou long ? Sachez qu'en fonction du pays que vous aurez choisi, vous aurez des expériences bien différentes. Par exemple au Canada, qui est un très grand pays où l'accès à certaines maisons est parfois difficile et long, les hôtes vous proposeront des séjours de minimum deux semaines. En Nouvelle-Zélande et en Australie, vous pouvez parfois faire de très courts séjours (moins d'une semaine). En France, l'offre est éclectique. D'expérience, je vous recommande de privilégier les séjours longs (plus de deux semaines). En effet, le wwoofing est une aventure avant tout humaine, basée sur le partage, l'échange et la complicité avec les personnes qui vous accueillent. Certaines activités nécessitent un apprentissage au préalable, une formation qui demande du temps et de l'énergie. L'amitié qui pourrait s'installer avec vos hôtes sera d'autant plus forte que vous aurez partagé des activités, des repas, des soirées ensemble. Il n'est pas toujours facile de se retrouver propulsé dans le quotidien des autres et il vous faudra sûrement quelques jours pour vous sentir à l'aise et prendre vos repères dans cette nouvelle vie. Plus vous resterez au même endroit, plus celui-ci deviendra votre seconde maison !

Avez-vous un régime alimentaire particulier? Si vous êtes végétarien, végétalien ou autre, axez votre recherche vers des personnes dans le même cas ou susceptibles de préparer des repas spécialement pour vous. À l'inverse, si vous êtes très «carnivore», réfléchissez à deux fois avant de vous présenter chez des végétariens ou des crudivores. De nombreuses familles sont végétariennes ou mangent très peu de viande, préférant les légumes du jardin !

Accordez-vous de l'importance à la religion ? Certaines familles sont très religieuses et pratiquantes. S'il est rare d'avoir affaire à du prosélytisme à outrance, il est fort probable qu'on vous propose de partager la prière avant chaque repas, que l'on vous invite à la messe le dimanche ou à toute autre célébration religieuse ayant lieu en votre présence. Parfois, les hôtes précisent l'importance de leur foi dans leur annonce : vous le remarquerez probablement à la manière dont est rédigé leur texte (on peut vous inviter à loger séparément si vous n'êtes pas un couple officiellement marié). Les extrêmes sont rares, mais prenez garde, pour votre confort et le respect des gens qui vous reçoivent, à vous renseigner sur ce point si possible.

Lorsque vous aurez répondu à toutes ces questions (et bien d'autres !), vous serez enfin prêt(e) à ouvrir la fameuse liste des hôtes. Pour que votre prospection soit efficace en fonction du temps imparti à votre recherche, il vous faudra peut-être contacter plusieurs hôtes en même temps. Je vous recommande de préparer deux listes: une première générale, assez large et non géographiquement définie. Une seconde avec votre «top 5» des familles que vous aimeriez vraiment rejoindre.

Prenez toujours de l'avance sur votre emploi du temps et essayez de réserver vos wwoof le plus tôt possible.

ENTRE WWOOF...

Lorsque nous sommes partis wwoofer pour la première fois, nous avons réservé nos premiers hôtes six mois à l'avance ! N'est-ce pas un peu exagéré ? Tout dépend de la période à laquelle vous pensez wwoofer. En période scolaire et pendant les vacances d'été, les familles sont très sollicitées et c'est le premier qui se présente qui est reçu. Mieux vaut vous y prendre tôt si vos critères de choix sont particuliers !

La première prise de contact avec les hôtes est la plus importante. Certaines personnes préfèrent être sollicitées par e-mail, d'autres par téléphone. Si rien n'est précisé dans l'annonce et que vous optez pour un e-mail, je vous conseille de ne pas être trop concis(e) et de prendre le temps de vous présenter comme il se doit. Oubliez le style télégraphique et faites bonne impression ! Présentez-vous, parlez brièvement de votre situation actuelle et expliquez les raisons pour lesquelles vous souhaitez wwoofer et surtout pourquoi vous contactez ces personnes en particulier. Êtes-vous intéressé(e) par les activités qu'elles proposent ? Par leur métier que vous souhaitez connaître ? Trouvez-vous leur annonce chaleureuse ? Sont-elles dans une région qui vous attire et que vous aimeriez découvrir ? Parlez-en ouvertement et n'oubliez pas de préciser vos dates, le temps que vous pensez pouvoir leur accorder ainsi que vos modalités de transport.

Contactez tout d'abord les personnes de votre « top 5 ». Accordez-leur un délai de réponse et n'hésitez pas à les relancer (avec modération et politesse !). Si vraiment personne ne vous recontacte (ce qui peut arriver plus souvent qu'on ne le pense malheureusement), prenez le temps d'y réfléchir. Avez-vous mis toutes les chances de votre côté dans votre présentation ? Avez-vous alterné l'e-mail et le téléphone ? Ne vous découragez pas. Emparez-vous de votre seconde liste et envoyez des demandes à de nouvelles personnes.

Il est fort possible en revanche que la prise de contact se fasse très rapidement et que vous obteniez votre premier rendez-vous de wwoofing plus vite que vous ne l'espériez ! Une fois les dates et les modalités validées avec la famille qui va vous accueillir, vous êtes prié de vous y tenir. Ne le négligez jamais ! Si vous avez un empêchement, si pour une raison quelle qu'elle soit vous devez annuler votre séjour, faites-le très rapidement. Pensez aux autres wwoofers : libérez rapidement la place et soyez honnête et respectueux pour que l'hôte garde une bonne impression de l'esprit du wwoofing. D'une manière générale, ne faites pas aux autres ce que vous ne souhaitez pas que l'on vous fasse.

BIEN PRÉPARER SON SÉJOUR

■■■ LES QUESTIONS ADMINISTRATIVES

Au grand dam des hôtes, trop peu de wwoofers prennent une assurance. C'est une erreur qui peut vous coûter très cher et vous gâcher une bonne partie de vos vacances s'il vous arrive malheur. Sachez que de plus en plus d'hôtes demandent des attestations d'assurances. Il existe des contrats qui prennent en compte les activités extraconventionnelles (comme les sports extrêmes ou les travaux) et qui vous couvrent en cas d'incident. À l'heure où les assurances voiture sont obligatoires et où certains assurent leurs téléphones et autres équipement de pointe, ne négligeons pas notre corps, qui reste notre bien le plus précieux et irremplaçable !

Lorsque vous wwoofez à l'étranger, vous n'avez théoriquement pas besoin de visa de travail (à l'heure où j'écris ces lignes, mais renseignez-vous tout de même sur la législation du pays qui vous intéresse avant votre départ). Vous avez tout à fait le droit de wwoofer avec un visa touristique. En effet, c'est une activité de loisir, non rémunérée ni contractuelle. Le seul contrat qui existe est entre vous et votre hôte, c'est un contrat tacite entre adultes consentants et conscients des règles du jeu proposées (et seulement proposées, personne n'est obligé de rien) par le site de l'association à laquelle vous avez acheté la liste des hôtes.

Le wwoofing reste cependant une activité peu connue et donc parfois mal perçue, en particulier par les douaniers, et lorsque vous entrez dans le pays où vous allez wwoofer, je vous recommande de ne pas spécifier précisément que vous allez faire ce type de volontariat, cela vous évitera de possibles déconvenues. Sachez aussi que dans certains pays le visa touristique n'est pas automatiquement délivré à la frontière lors de votre arrivée. Vous devez en faire la demande au préalable et parfois le payer en fonction du temps que vous restez et du nombre d'entrées que vous souhaitez (entrées simples ou multiples). Pour tout connaître sur les visas, les réserver par le biais d'un organisme spécial ou vous en occuper vous-même, je vous recommande le site Internet Action Visa (adresse en fin d'ouvrage).

Visitez le site d'Action Visas pour bien comprendre les démarches administratives propres à chaque pays.

www.action-visas.com

↔ ENTRE WWOOF...

En Nouvelle-Zélande, un pays où le wwoofing existe pourtant depuis plus de dix ans, un couple d'amis s'est vu refuser l'entrée sans visa (le visa touristique s'obtient à l'entrée dans le pays, gratuitement et pour trois mois). C'est la douane qui, ne sachant pas ce qu'est le wwoofing et ne comprenant pas les explications de nos amis, les a obligés à prendre un visa de vacances/travail... payant !

Si vous comptez louer une voiture ou un scooter dans un pays étranger, vous devez vous munir d'un permis de conduire international. Celui-ci est délivré très simplement et gratuitement par la préfecture ou sous-préfecture de votre département (également par correspondance). Il suffit de remplir un formulaire, de joindre les pièces demandées et d'attendre par retour de courrier le précieux papier. Prenez une marge de sécurité d'au moins deux mois avant votre départ (sinon vous pouvez vous le faire expédier par courrier par un tiers). Le permis de conduire international ne vous dispense pas d'apprendre la signification des panneaux routiers et les règles de conduite spécifiques au pays où vous vous trouvez ! Par exemple, en Nouvelle-Zélande, les priorités ne sont pas les mêmes qu'en France, ce qui occasionne de petits incidents si le conducteur n'est pas vigilant.

Selon les pays dans lesquels vous souhaitez vous rendre, il est possible que vous soyez obligé de vous faire vacciner pour l'obtention de visas. Une rapide recherche sur Internet vous renseignera sur ce point, ainsi que les guides de voyage des pays concernés. Quand les vaccins sont recommandés mais pas obligatoires, il vous appartient de peser le pour et le contre pour prendre votre décision en toute connaissance de cause. Dans les hôpitaux comme Pasteur à Paris, pour une somme assez conséquente (en partie remboursée), on vous proposera l'injection d'un cocktail de plusieurs vaccins dans la même journée. Ces injections ne sont pas anodines et fragilisent l'organisme jusqu'à rendre très malades certaines personnes. Certains vaccins, comme celui de la rage, sont contraignants, nécessitent un ou plusieurs rappels et ne vous protègent que sur une période limitée ou pour une seule forme du virus. Renseignez-vous, pour trouver le juste compromis entre ce qui est nécessaire et ce qui est raisonnable ! Un livre à consulter sur le sujet : *Vaccins, mensonges et propagande*, de Sylvie Simon, éditions Thierry Souccar, mars 2013.

↔ ENTRE WWOOF...

Avant notre départ, nous nous sommes rendus dans un grand hôpital parisien pour nos vaccins. Nous avions renseigné nos destinations et on nous a préconisé six ou sept vaccins. Nous avons finalement reçu quatre injections chacun le même jour, dont deux à renouveler pour la modique somme de 180 euros... Nous n'avons finalement pas fait la rage, l'encéphalite japonaise, ni la fièvre jaune.

■■■ LA PRÉPARATION DE VOTRE SAC

Que vous partiez un week-end, une semaine ou plusieurs mois en voyage, vous aurez besoin d'un sac léger, facile à porter et à ranger. Pour notre tour du monde, nous avions opté pour la combinaison d'un sac fourre-tout dorsal d'environ 70 litres, couplé à un petit sac à dos de 30 litres pour les balades et les week-ends. Nous étions définitivement trop chargés ! Je vous recommande d'accorder beaucoup de soin au choix de vos affaires. Réfléchissez à deux, voire à trois fois, pour chaque objet.

A priori, les vêtements dont vous aurez le plus besoin seront des habits de travail. Investissez dans des pièces de bonne qualité, qui se lavent facilement et sèchent vite. Prenez des chaussures solides et si possible renforcées (comme les chaussures de randonnée ou celles de chantier), vous serez en sécurité et au sec quel que soit le travail réalisé. Il est judicieux d'emporter une paire de gants de jardin ou de travail, ainsi vous aurez les vôtres à votre taille toujours sous la main. Prenez soin de vos affaires et emportez peu de chose, vous éviterez le phénomène qui consiste à transporter son linge sale !

Le contenu de mon sac avant notre départ. J'ai donné ou renvoyé la moitié de ces affaires, car mon sac était trop lourd, et toutes ces choses inutiles.

↔ entre wwoof...

Nous n'avions emmené que quatre paires de sous-vêtements chacun pour seize mois. Le secret ? Nous lavions nos affaires à chaque douche !

Dans votre trousse de toilette, soyez aussi minimaliste. Nous avions opté pour un gros savon de Marseille, qui permet à la fois de laver le corps, les cheveux et les vêtements ! Pensez à la crème (beurre de karité ou Aloe vera), salvatrice en cas de coups de soleil, pour les mains et les genoux abîmés. Essayez la pierre d'alun, un déodorant naturel, économique et inusable ! Emportez une trousse de premier secours, avec quelques anti-histaminiques (précieux pour les allergies dans les wwoofs à la campagne si vous êtes un citadin) et des antidouleurs. Pensez à l'homéopathie ! Arnica montana sera un vrai bonheur pour vos courbatures des premiers jours. La Passiflora aidera les anxieux à passer des nuits sereines dans un nouvel environnement. Apis mellifica soulage les brûlures et piqûres d'insectes. Notre remède miracle fut le charbon : inconfort digestif, tourista, empoisonnement alimentaire ou ballonnement n'y résistent pas. Emportez un pot de charbon actif en poudre et prenez-en une cuillère en dehors des repas en cas de trouble. Pour les longs séjours, une petite bouteille d'extraits de pépins de pamplemousse vous guérira des grippes et autres rhumes. C'est un antibiotique naturel qui fait des miracles en cas de faiblesse. Nous soulagions les maux de gorge grâce à un spray à la propolis.

Vous pouvez éventuellement emporter du matériel de camping. C'est un choix que nous avons fait les premiers mois de notre voyage (environ 6 kg supplémentaires entre nos deux sacs de couchage, oreillers, matelas gonflables et tente). Nous n'avons finalement pas beaucoup utilisé cet équipement... Même s'il vous arrive d'être reçu chez des personnes qui n'ont pas de chambre pour vous, elles auront sûrement du matériel à vous prêter. Quant aux week-ends en vadrouille dans la région autour de votre habitation, il y a fort à parier que l'on vous prêtera sans problème de quoi bivouaquer !

Emportez un hamac si vous voyagez l'été ou dans des pays chauds.
C'est une alternative sympathique à votre lit.

Votre sac ne devrait pas dépasser 10 kilos. À titre indicatif, voici ce que nous transportions (individuellement) :

- un pantalon de travail,
- un pantalon de rechange aux jambes qui se dé-zippent,
- un short de bain ou un maillot de bain,
- deux tee-shirts de travail + un de rechange + un pour dormir,
- une chemise de randonnée (aérée et à séchage ultra-rapide),
- un pull en laine polaire,
- une veste en matière synthétique imperméable et respirante (type Goretex),
- quatre paires de sous-vêtements,
- une serviette en microfibre pliable
- une trousse de toilette + une trouse de médicaments,
- une lampes frontales + des gants + des cadenas + une moustiquaire + un couteau suisse + un briquet tempête,
- un guide de voyage + un carnet.

En ce qui concerne les guides de voyage, je vous recommande de prendre une édition à laquelle vous êtes habitué, pour vous repérer facilement dans le fonctionnement de l'ouvrage. Nous sommes partis avec le guide Lonely Planet en poche, la référence des routards internationaux. Sachez par ailleurs que sur leur site Internet, vous avez la possibilité de présenter votre projet de manière détaillée, pour pouvoir peut-être gagner trois guides gratuits et 15% de réduction sur les suivants !

↔ ENTRE WWOOF...

Avant le grand départ, on m'a offert un petit cahier de poche facile à transporter. À la fin de chaque étape de wwoofing, ou lorsque nous rencontrions des gens particulièrement sympathiques, je notais les coordonnées de ces personnes dans le carnet et leur demandais d'écrire un petit mot à notre attention. Aujourd'hui, ce petit carnet, surnommé le « Wwoof Book » est le souvenir de voyage que je chéris le plus. Mon plus grand plaisir est de l'ouvrir, me rappeler les personnes mentionnées et les images qui y sont attachées. Vous aussi, faites un wwoof book ou un journal de bord pour ne pas oublier votre expérience hors du commun !

■■■ PRÉPARATION OU SPONTANÉITÉ ?

Lorsque l'on part pour un voyage de plusieurs étapes, le wwoofing peut se concevoir de deux manières : on peut choisir de planifier avec soin chacun de ses arrêts ou laisser de la place au destin et à la spontanéité des rencontres et des événements. Si vous wwoofez pour la première fois, que vous avez des exigences précises quant aux activités qui vous intéressent, que vous avez un petit budget ou que vous êtes d'un naturel anxieux, je vous recommande de planifier vos déplacements à l'avance. Vous limitez ainsi les mauvaises surprises et les temps d'inactivité. Une bonne méthode consiste à prendre une marge de deux ou trois jours entre les rendez-vous et d'accorder suffisamment de temps aux transports en commun si vous voyagez par ce biais.

↔ ENTRE WWOOF...

Lors de notre étape au Canada, nous avions prévu de loger dans cinq familles pendant deux semaines, avec trois jours de voyage entre chaque étape. Nous ne nous étions pas rendus compte de l'immensité des distances à parcourir. En conséquence, nous avions systématiquement du retard... Moralité : n'oubliez pas de regarder l'échelle de votre plan avec attention !

Si vous êtes un grand baroudeur confiant, débrouillard et conciliant, lancez-vous sans hésitation et sans préparation ! Vous serez récompensé par des expériences originales et inattendues. Ne pas avoir de rendez-vous vous permettra d'être flexible et de construire votre voyage au fil de vos rencontres et de vos envies. En revanche il est absolument interdit d'arriver à l'improviste chez un hôte, vous devez vous assurer qu'une place est disponible et que l'hôte est d'accord pour vous recevoir ! Si vous voyagez seul, vous pourrez suivre vos nouveaux amis, prendre le temps de flâner dans les grands villes jalonnant votre parcours et même vous payer le luxe de changer souvent d'avis car il est plus facile de trouver une place dans une famille quand on est seul que lorsque l'on voyage en couple ou en famille. Dans les pays où beaucoup d'hôtes sont disponibles, comme en Australie, au Canada, en Nouvelle-Zélande, vous rencontrerez souvent des « fermes à wwoofers » où plusieurs joyeux voyageurs sont logés ensemble, partagent les repas et travaillent en équipe. Une ambiance très plaisante, type « auberge espagnole », qui ne manquera pas de plaire aux plus sociables. Sachez tout de même qu'en wwoofant au jour le jour, vous vous exposez à des périodes de chômage : il arrivera toujours une semaine ou deux où toutes les maisons des alentours seront pleines et où personne ne sollicitera votre coup de main ! Vous atterrirez alors dans une auberge de jeunesse où il faudra vous armer de patience et passer de nombreux coups de téléphone.

Le déroulement du séjour

L'ORGANISATION DU TRAVAIL ET DES LOISIRS

Chaque séjour de wwoofing est unique. Il s'organise selon des règles que l'hôte et son wwoofer déterminent lors de leurs premiers échanges. La seule règle commune est la gratuité. On ne doit JAMAIS vous demander d'argent. On ne doit théoriquement pas vous en donner non plus, mais vous rencontrerez peut-être des personnes généreuses qui n'hésitent pas à accorder un peu d'argent de poche aux wwoofers qui les aident sur de longues périodes...

D'une manière générale, il faut travailler quatre à six heures par jour, cinq ou six jours par semaine, en échange du gîte et du couvert. Il arrive que certaines familles vous demandent de travailler huit heures par jour (c'est le cas chez de nombreux hôtes japonais) ; dans ce cas-là, je vous recommande de négocier un jour de congé supplémentaire, à moins que l'activité exercée soit très enrichissante ou s'apparente plus à une formation qu'à du travail.

De nombreux hôtes s'arrangent pour condenser la journée de travail sur une matinée ou un après-midi pour que les wwoofers aient le temps de découvrir la région durant leur temps de libre. Dans les pays chauds, on scinde parfois la journée en deux, pour ne pas travailler en plein soleil et sous la forte chaleur du midi. N'hésitez pas à parler ouvertement des conditions de travail avec votre hôte lors de vos premiers contacts.

Un exemple de séjour musclé mais très convivial en Nouvelle-Zélande.

http://bit.ly/nmkgxq

Vous devez être nourri(e) durant vos jours de travail, minimum trois fois par jour. Certaines familles très pauvres peuvent solliciter votre participation aux frais de nourriture : c'est à vous de décider si vous souhaitez vous engager dans ces conditions. Ceci étant dit, si cette somme est modique (généralement 3 ou 4 euros par jour), et qu'en retour vous avez la possibilité d'aider des personnes vraiment dans le besoin, n'hésitez pas ! Le wwoofing est avant tout un échange de services et un moyen de se rendre utile. Certaines familles vous nourriront également lors de vos jours de repos, allant même jusqu'à vous offrir un pique-nique si vous partez en vadrouille !

Certaines familles vous gâteront avec des mets délicieux.
En Nouvelle-Zélande, chez Colleen et Mark

↔ ENTRE WWOOF...

Notre voyage nous ayant conduit à partager la vie de dix-huit familles, nous sommes passés par de nombreux régimes alimentaires. Nous avons connu des crudivores, des vegans, des adeptes des surgelés et saucisses maigres, des fous des légumes du jardin, des carnivores pure souche et de grands gourmands qui confectionnaient des gâteaux pour nous tous les jours !

À l'image de la nourriture, la qualité du logement peut être très variable. Certaines familles ont une maison spéciale pour les wwoofers, d'autres vous inviteront à partager une chambre dans leur maison. Vous serez parfois en dortoir, parfois seul. Vous pourrez avoir un lit, un simple matelas au sol ou bien une tente dans le jardin. L'essentiel étant votre bonheur et la qualité du repos que ce logement vous permet, n'hésitez pas à exprimer votre mécontentement si vous avez le sentiment que le contrat n'est pas respecté.

Qu'il soit restreint ou très important, votre temps libre est à employer comme bon vous semble. Les hôtes n'ont pas particulièrement d'obligations envers leurs invités à ce sujet. Cependant, à l'issue d'un long séjour de travail accompli dans la bonne humeur, on vous invitera sûrement à une sortie, une visite ou même une fête. Certaines annonces stipulent le prêt d'un vélo, d'une voiture ou bien de matériel sportif pour les wwoofers (surtout en Nouvelle-Zélande et en Australie). Renseignez-vous sur tous ces détails lors de votre prise de contact.

D'autres vous feront découvrir des spécialités locales. Ici du Natto japonais, c'est très bon !

■■■ LES PREMIERS JOURS

On constate que les nouveaux wwoofers arrivent en général le soir, ou en fin d'après-midi. Ils partagent ainsi la première soirée, le premier repas et font connaissance avec la famille qui les accueille. Le travail commence le lendemain dans une atmosphère où tout le monde se sent plus à l'aise grâce aux présentations de la veille. Certains hôtes (un peu tatillons) vous diront peut-être qu'ils souhaitent que vous arriviez le matin car chaque repas ou chaque nuit doit avoir son équivalent « travail »... C'est à vous de voir comment vous sentez ce premier contact très réglementé.

Vos tout premiers jours de wwoofing sont des moments uniques ! Être propulsé dans le quotidien d'une famille est étrange mais ne vous inquiétez pas : vos hôtes ont sûrement l'habitude et, dans tous les cas, vous êtes le bienvenu et ne devez pas vous sentir mal à l'aise. Comment se comporter ? Restez naturel, entamez les présentations autour d'une tasse de thé (et pourquoi pas de biscuits que vous aurez apportés ?), parlez un peu de vous et, surtout, écoutez ce que vos hôtes ont à vous dire : on vous parlera très probablement du travail à faire, ainsi que de l'organisation du quotidien... Après quelque temps, on vous montrera votre chambre ou l'endroit où vous allez pouvoir vous installer : prenez un moment pour vous relaxer seul(e) (ou avec la personne qui vous accompagne) dans votre nouvel environnement.

Par la suite, n'hésitez pas à solliciter du travail ménager ou domestique : rendez-vous utile, car partager des tâches (éplucher les légumes, ranger la chambre des enfants, couper du bois...) est le meilleur moyen de faire naturellement connaissance avec la famille. En vous voyant à leur disposition, vos hôtes se sentiront épaulés et vous jugeront digne de confiance. Il est important de montrer que vous êtes dégourdi si vous souhaitez que l'on vous confie des tâches importantes et valorisantes.

↔ ENTRE WWOOF...

Avant mon départ, j'avais préparé une petite pochette de photos que je transportais avec moi pour montrer ma famille, mes amis, mon quotidien en France à ceux qui me recevraient. C'est un moyen convivial de partager un peu de vous-même.

La première journée de travail est sans doute la plus importante : on va vous proposer des tâches, vous montrer où se trouvent les outils, les éléments de protection, de quelle façon s'organise la journée. Si vous êtes dans la vie active, vous connaissez peut-être ce stress des premiers jours, où l'on se sent parfois inutile car on ne peut pas encore prendre d'initiatives : il en va de même lorsque l'on débute en wwoofing. Vous devrez rapidement déterminer si les personnes qui vous reçoivent apprécient la prise d'initiative, ou si elles préfèrent cadrer vos activités en détail. Si vous avez la chance d'être dans une maison où d'autres wwoofers travaillent à vos côtés, vous allez pouvoir faire équipe et leur demander conseil. Quoi qu'il en soit, je vous recommande de donner le meilleur de vous-même dès le début. Donnez de votre attention, de votre temps, partagez vos bonnes idées et de larges sourires. Les hôtes les plus généreux savent récompenser les wwoofers motivés par des encouragements, des moments de repos supplémentaires et des repas délicieux !

Certaines familles vous proposeront d'aller faire des activités avec eux le week-end. Au Canada, chez Rick et Helen

■■■ UNE JOURNÉE TYPE ?

Voici un exemple de journée type.

■ **7h30/8h :**
Réveil. Vous aidez à préparer le petit déjeuner que vous prenez ensemble ou chacun à votre rythme. Vous faites ensuite rapidement votre toilette.

■ **9h/9h30 :**
Début de la journée de travail. On vous explique la tâche qui vous incombe pour les prochaines heures et on vous montre comment la réaliser.

■ **12h30/13h:**
Vous allez aider à préparer le déjeuner, que vous prenez tous ensemble (parfois seulement entre wwoofers si la famille travaille ailleurs pendant la journée).

■ **14h :**
Vous reprenez le travail.

■ **16h30 :**
Une petite pause *tea time* (dans les pays anglo-saxons, c'est souvent le matin et non l'après-midi).

■ **17h30/18h :**
Vous avez du temps pour vous reposer, prendre votre douche et vous relaxer.

■ **20h :**
Vous aidez à préparer le dîner que vous partagez généralement tous ensemble. Le reste de la soirée, vous êtes libre de vaquer à vos occupations, mais la famille peut vous proposer de partager une autre activité : un jeu de société, un film, une sortie...

Il n'est pas rare que la journée de travail se condense sur la matinée ou l'après-midi. Vous vous levez alors plus tôt ou terminez plus tard. Parfois on peut aussi vous proposer une journée bien remplie en échange d'un jour sur deux de congé ou de demi-congé. La journée commence également plus tôt chez les fermiers qui prennent soin des animaux : la traite peut commencer vers 7 heures. Les soirées sont plutôt calmes dans les familles où les activités sont très physiques, il est fort probable que vous aussi apprécierez un repos bien mérité !

Une pause est très appréciable durant la journée. Surtout lorsque vous dégustez des douceurs locales. Au Japon, chez Takanobu-San

■■■ L'ESPRIT DU WWOOFING

Rappelons-le, les initiales du wwoofing signifient « willing workers on organic farms » (ou « world wide opportunity on organic farms »). Cela sous-entend que bon nombre des familles qui ouvrent leurs portes sont dans une forte démarche écologique, sinon respectueuse de l'environnement. Cela ne signifie pas que 100 % des hôtes mangent des légumes biologiques, recyclent leurs déchets et économisent l'eau ; cependant, il est important d'être ouvert à ce genre de comportement lorsque l'on wwoof.

On vous offrira probablement de la nourriture biologique ou équitable. C'est-à-dire des légumes et des fruits exempts de produits chimiques, qui ont poussé sans engrais, sans pesticides et sans traitements. La viande sera peut-être en provenance de fermes éthiques, qui respectent les animaux et ne font pas d'élevage intensif dans des conditions déplorables. Certaines familles sont dans une démarche locavore, c'est-à-dire qu'elles consomment des produits de saison et locaux (une belle opportunité pour vous de découvrir les spécialités du terroir). Les produits étrangers (comme les épices, thé, café, chocolat) proviennent souvent du commerce équitable, c'est-à-dire que les petits producteurs sont rémunérés au juste prix et ne sont pas forcés à produire dans des conditions intensives pour répondre aux exigences du marché. Manger bio et équitable coûte en général 30 % plus cher qu'une alimentation classique. En retour, vous êtes presque sûr de manger des produits sains et très goûteux, alors profitez-en !

Vous vous régalerez dans les fermes qui produisent sur place des denrées alimentaires. Confection de fromages de chèvre au Canada

Il est important d'apporter votre contribution aux tâches ménagères quotidiennes, vous constaterez sûrement que très peu de familles ont un lave-vaisselle et nombre d'entre elles utilisent des produits écologiques pour le nettoyage. Dans certains lieux, vous ferez connaissance avec les toilettes sèches. C'est un système révolutionnaire et très hygiénique (quand il est bien fait) qui permet de composter les « résiduels ». Votre hôte vous expliquera les détails de son système, mais, en général, on tire la chasse (sans eau) en versant une grosse poignée de sciure dans la cuvette. Vous pouvez aussi trouver un composteur près de la cuisine si la maison qui vous accueille en possède un. Cela peut être un lombricomposteur à décomposition très rapide ou un simple tas de compost dans le jardin.

Une fiche technique de découverte du lombricompostage

http://bit.ly/nOHuKM

La maison dans laquelle vous logerez sera peut-être éco-construite ? C'est-à-dire qu'elle sera fabriquée avec des matériaux écologiques, de provenance locale ou sans traitement chimique (en bois, en paille, en terre...). Les maisons écologiques sont souvent orientées vers le sud, avec peu d'ouverture au nord, beaucoup de lumière dans les pièces de vie et très efficaces thermiquement parlant. Elles sont parfois agrémentées d'un poêle à bois, d'un puits canadien, d'une pompe à chaleur ou d'une ventilation mécanique contrôlée double flux.

Pour plus de détails sur ces différents aspects de vie écologique, consultez la bibliographie en annexe.

L'hôte accueillant

COMMENT DEVIENT-ON HÔTE ET QUE RETIRER DE CETTE EXPÉRIENCE ?

■■■ POURQUOI DEVENIR UN HÔTE DE WWOOFING ?

L'équation wwoofing serait incomplète sans la générosité et la gentillesse de ceux qui accueillent chez eux des inconnus pour partager un petit bout de leur quotidien. Aussi, dans ce guide, nous abordons largement la question du point de vue du wwoofer.

S'il y a beaucoup de bonnes raisons de wwoofer, il y en a autant d'inviter des wwoofers chez soi.

De nombreux hôtes qui ouvrent les portes de leur exploitation ou maison sont eux-mêmes d'anciens wwoofers. La générosité est initiée par divers facteurs, mais « recevoir » reste parfois le moyen le plus simple et spontané de combler son envie de « donner ». Ainsi, il y a fort à parier que les hôtes ont souvent de belles histoires de voyages à partager avec leurs wwoofers !

La première des motivations pour un hôte cependant, c'est probablement de bénéficier d'un coup de main. Si vous êtes fermier, agriculteur, en pleine construction d'une maison, dans les plâtres depuis des mois ou tout simplement dépassé(e) par le quotidien, le wwoofing peut vous aider ! En définissant des tâches simples, qui peuvent être réalisées après une courte formation et de manière autonome par n'importe quelle personne débrouillarde et motivée, vous allez pouvoir accélérer de manière surprenante la réalisation de projets ou de travaux. Vous pouvez solliciter l'aide de wwoofers spécialisés (dans le jardinage, le bâtiment, le soin aux animaux, l'informatique ? !) ou faire en sorte de libérer un peu de temps chaque jour pour vos nouveaux amis, afin de leur apprendre votre métier ou votre technique. Gardez en tête le plus important : chaque tâche doit être adaptée à la personne que vous y dédiez. Dans la mesure du possible, ne demandez pas à une jeune fille de défoncer un mur de pierre à coups de masse, ne demandez pas à un garçon remuant et plein d'entrain de préparer des confitures… La convivialité s'instaure quand chacun se sent utile et à sa place !

Si vous souhaitez faire des expériences en parallèle de votre quotidien, mais que vous n'avez pas le temps, les wwoofers peuvent se prêter au jeu. Un cuiseur solaire pour remplacer le polluant barbecue l'été ? Une cabane dans les arbres pour vos enfants ? Une nouvelle technique de jardinage ? Un essai de toilettes sèches d'extérieur ? C'est le moment de vous lancer ! Visez plutôt des wwoofers expérimentés, qui ont déjà sillonné plusieurs maisons et sont prêts à prendre à bras-le-corps et de manière autonome un projet. Il faut de l'organisation et de la prise d'initiative dans ces conditions et il est vrai que les nouveaux wwoofers sont parfois un peu timides, mais pas tout le temps et jamais pour très longtemps !

Certains couples, anciens parents de grandes familles qui ont vu leurs enfants partir à l'université ou faire leur propre chemin, se retrouvent tout seuls dans de grandes maisons vides. L'agitation qui régnait autrefois dans leur quotidien leur manque et le wwoofing est pour eux une manière de redevenir d'actifs parents. Ils maternent leurs wwoofers, leurs offrent de beaux après-midi libres pour aller se promener, leur font découvrir la région, leurs cuisinent de bons petits plats : le travail n'est pas la priorité de ces hôtes. Si l'on s'éloigne alors de la fonction première du wwoofing : celle de travailler à la ferme, on se rapproche de sa seconde vocation : créer du lien entre les individus et de manière intergénérationnelle. Et puis quel bonheur pour de jeunes wwoofers de se faire pouponner de la sorte à l'autre bout du monde !

Certains hôtes (souvent des jeunes parents) ont beaucoup voyagé et sont retournés à la vie « sédentaire ». Ne pouvant plus se déplacer aussi souvent qu'ils l'aimeraient pour des raisons professionnelles ou familiales, ils font venir le voyage à eux en invitant des personnes de pays étrangers. C'est un peu d'ailleurs qui s'invite chez vous dans ces cas-là ! Vous pourrez partager un bout de la culture des wwoofers que vous recevez en leur demandant de mijoter avec vous de bons plats de chez eux, ou en apprenant des activités originales. Côté travail, si vos wwoofers sont qualifiés dans un domaine qui vous intéresse (paysagisme, soin des animaux, architecture ?), vous pourrez comparer vos méthodes de travail car les habitudes ne sont pas les mêmes partout.

http://bit.ly/qpg7Dk

Dans la famille japonaise de Masa-san, on invite des wwoofers pour avoir un peu d'ailleurs dans son quotidien.

Un week-end camping avec des wwoofers.

http://bit.ly/niuGf1

Masa-san et sa famille ont découvert le wwoofing en Océanie. De retour au Japon, ils se sont empressés d'inviter des wwoofers chez eux !

ENTRE WWOOF...

Au Canada, une famille nous a reçus en partie car nous avions précisé dans notre premier e-mail de contact que nous étions français et que je savais cuisiner. Sitôt arrivés, on m'a proposé de prendre les commandes de la cuisine pour faire goûter à la famille les délices de la cuisine française. J'ai alors entrepris de mijoter chaque jour un plat différent, piochant dans notre répertoire culinaire national. Le travail pourrait sembler facile ? Neuf bouches à nourrir trois fois par jour, ce fut un vrai marathon ! Mais quel plaisir de voir leurs visages heureux se délecter de notre hachis parmentier...

Bien entendu, vous n'avez pas toujours besoin d'une bonne raison pour devenir hôte de wwoofing et recevoir des voyageurs motivés chez vous. Si vous aimez rendre service, partager, faire découvrir votre région ou votre pays à autrui, si vous n'avez pas beaucoup d'amis que vous puissiez inviter mais que vous aimez la convivialité instaurée par des visiteurs... lancez-vous ! Avec un peu de préparation et d'organisation, vous vivrez des moments magiques et vous ouvrirez les yeux des personnes qui vous entourent (famille, enfants, amis...) sur l'importance de la solidarité, même à l'égards d'inconnus.

Un détail important qui peut faire la différence pour une bonne atmosphère dans votre maison : discutez longuement avec tous les membres de votre famille vivant sous votre toit de votre idée de devenir un hôte de wwoofing. Il est important de recevoir l'aval de tout le monde, même si les adolescents ne verront pas toujours d'un bon œil de recevoir des inconnus chez eux. Il est important de ne pas faire ce choix contre l'avis de votre femme ou de votre mari, car tout le monde doit se sentir bien en présence des wwoofers et ne pas les accueillir contre son gré. Il est en général très bénéfique aux jeunes enfants d'être en présence de toute cette diversité d'individus enthousiastes et travailleurs, c'est un bon exemple à donner et cela peut leur apprendre le partage et l'entraide. Qui plus est, dans le cas de wwoofers étrangers, c'est une formidable occasion de faire travailler à tout le monde l'anglais qui reste la langue de communication internationale incontournable.

■■■ COMMENT DEVENIR UN HÔTE DE WWOOFING ?

Une fois vos motivations déterminées, la procédure est très simple. Il suffit de remplir le formulaire ou le dossier en ligne, délivré par le site Internet de Wwoof France ou du pays où vous vous trouvez (liste des sites et pays en fin d'ouvrage). Il faut vous acquitter du prix de la cotisation à la remise de ce formulaire et réitérer ensuite le paiement chaque année pour continuer à apparaître dans la liste des hôtes.

Je vous recommande d'inscrire un maximum d'informations lorsque vous remplissez ce formulaire. Il n'est pas nécessaire d'écrire des pages sur votre style de vie, mais soyez suffisamment bavard pour que les wwoofers cernent rapidement et correctement l'ambiance et le travail à faire chez vous.

- Parlez de la composition de votre famille, du contact que les wwoofers auront avec chacun d'eux (Elevez-vous vos enfants à la maison ? Votre femme est mère au foyer ? Votre mari en congé paternité ou travaille-t-il à la maison ?).

- Parlez du travail que vous avez à offrir : travail aux champs ou avec la terre, plutôt en intérieur ou en extérieur, travail avec des animaux qui requiert telle ou telle compétence ou que vous pouvez au contraire apprendre, travail domestique, aide dans votre entreprise... ?

- Informez sur l'organisation de la journée que vous proposez : combien d'heures de travail quotidiennes attendez-vous (en général entre quatre et six) ? Les week-ends sont-ils libres ou préférez-vous laisser deux jours de congés non consécutifs ? Dans la mesure du possible, je vous recommande de laisser les week-ends aux wwoofers, cela permettra à tout le monde de souffler et de se reposer en même temps, mais également de prendre de la distance si besoin : les wwoofers pourront partir en exploration autour de chez vous et vous retrouverez alors un peu d'intimité avec votre famille.

- Avez-vous des enfants ? Quel âge ont-ils ? Attendez-vous des wwoofers qu'ils s'en occupent ou jouent avec eux de temps en temps ?

- Évoquez les prestations que vous offrez : les wwoofers auront-il une chambre pour eux ? Comment est/sont le/les lit(s) ? Avec qui partageront-ils la salle de bains ? Au cas où vous recevez plusieurs personnes en même temps, proposez-vous plusieurs chambres ou un dortoir ? Avez-vous un moyen de transport à partager avec les wwoofers (une seconde voiture, un vélo) ?

- Informez sur l'accès à votre maison : les transports en commun, la nécessité d'avoir un véhicule personnel – pouvez-vous aller chercher les wwoofers à la gare ?

- Combien de personnes pouvez-vous recevoir en même temps ? Êtes-vous d'accord pour recevoir un couple ? Préférez-vous accueillir des hommes ou des femmes ? L'âge est-il un critère ?

- Combien de temps souhaitez-vous garder les wwoofers ? Avez-vous une durée minimale et/ou maximale ? Je vous recommande d'instaurer une période d'essai de deux ou trois jours, pour laisser aux deux parties le temps de voir si tout se passe bien. On a le droit de ne pas s'entendre avec quelqu'un ou de se sentir mal à l'aise, il ne faut pas se forcer dans ces cas-là. Aucun contrat, à part la politesse et l'honnêteté, ne vous lie avec les wwoofers. Il en va de même pour eux et chacun est libre soit de s'en aller ou soit d'inviter l'autre à partir si les conditions ne conviennent pas. Si vous souhaitez rendre vos wwoofers autonomes et ne pas avoir à répéter les mêmes explications tous les quatre jours, invitez-les ensuite à rester un minimum de temps. En dessous d'une ou deux semaines, il est difficile pour un wwoofer d'être efficace à la tâche, car il y a un temps d'apprentissage, puis d'adaptation. Cela minimisera par ailleurs les allers-retours à la gare et votre famille sera moins déboussolée par un va-et-vient fréquent de nouveaux visages.

■ Comment organisez-vous vos repas ? C'est une question très importante dans les familles où les enfants sont allergiques à certains produits. Par exemple, buvez-vous du lait ? Mangez-vous des aliments à base de gluten ? Êtes-vous végétariens ? Crudivores ? Végétaliens ? Réduisez-vous simplement les repas à base de viande ? Mangez-vous bio ou des produits issus de votre jardin ? Acceptez-vous les wwoofers végétariens ou les omnivores si ce n'est pas votre régime alimentaire ? Soyez clairs : les repas sont des moments privilégiés de convivialité qu'il convient de partager en toute connaissance de cause. Par ailleurs, mangez-vous tous ensemble ? Certaines familles encouragent les wwoofers à se faire la cuisine tout seuls ou leur fournissent des sandwiches le midi, puis partagent le repas du soir avec eux. Je ne suis personnellement pas pour cette solution... Je pense qu'il est important de partager les trois repas avec les wwoofers, dans la mesure du possible bien entendu.

ENTRE WWOOF...

En Nouvelle-Zélande, nous avons partagé quinze jours formidables avec un couple d'hôtes d'une trentaine d'années qui construisaient une maison en briques de terre. Nous travaillions dur tous ensemble un jour sur deux et nous étions complètement épuisés et affamés à la fin de la journée. Ils étaient végétariens / végétaliens et nous avons ressenti beaucoup de frustration lors des premiers repas car nous n'étions pas au courant ! Bien entendu, nous avons mangé à notre faim et les repas étaient délicieux et originaux, mais mieux vaut quand même savoir à quoi s'attendre lorsque les plats arrivent sur la table.

Aussi mignons et gentils soient-ils, les chiens peuvent faire peur aux wwoofers, précisez bien le nombre d'animaux qui vivent chez vous !

■ Avez-vous des animaux domestiques ? Des chiens, des chats, des poules, des lapins, des hamsters, des oiseaux ? Cette précision est importante au cas où les wwoofers sont allergiques aux animaux ou en ont peur. En revanche, acceptez-vous vous-même les animaux ? Certains wwoofers qui font cela depuis longtemps ont un chat ou un chien.

■ Il est extrêmement important pour vous de préciser si votre maison est non-fumeur. Si vous ne tolérez pas même les cigarettes fumées à l'extérieur (comme c'est le cas dans beaucoup de maisons dans les pays anglo-saxons), n'hésitez pas à le stipuler dans l'annonce. Il en va de même pour l'alcool : si vous êtes contre toute consommation, précisez-le, car il peut arriver que les wwoofers vous offrent une bonne bouteille de vin en guide de cadeau d'arrivée !

■ Certaines familles ont beaucoup d'avantages... Possédez-vous une piscine ? Un terrain de tennis ? Un grand jardin ? La mer ou un lac, ou encore une forêt pour de belles randonnées à proximité ? Une salle de bains d'extérieur pour des bains à la belle étoile ? Une cabane dans les arbres ? N'hésitez pas à mettre en avant toutes ces petites gourmandises qui pourraient donner envie aux wwoofers de vous rejoindre. Ne pensez pas que cela les dissuadera de travailler : d'expérience, je peux vous assurer qu'un wwoofer heureux est un wwoofer efficace.

- Êtes-vous disponible pour vos wwoofers ? Avez-vous l'habitude de partir en balade, en pique-nique, en camping, de montrer les alentours de votre maison aux wwoofers ? Attendez-vous plutôt qu'ils se débrouillent seuls pour s'occuper ? C'est particulièrement important si vous recevez des wwoofers seuls, qui wwoofent peut-être pour rencontrer des gens : ils seront déçus si vous ne pouvez pas passer du temps avec eux.

- N'oubliez pas de laisser plusieurs modes de contact à disposition des wwoofers : téléphone (avec les horaires qui vous conviennent le mieux), e-mail, adresse postale... Certains wwoofers vous proposeront peut-être de passer vous voir pour vous rencontrer et se présenter. Si vous avez le temps, n'hésitez pas à accepter, car voir quelqu'un est le meilleur moyen de sentir si vous allez l'apprécier.

- Si vous parlez anglais (même un petit peu) ou une autre langue, profitez-en pour rédiger votre annonce dans les deux langues. Même si, en France, on constate (chez les hôtes à qui j'ai posé la question) que la majorité des demandes proviennent de wwoofers français, beaucoup d'étrangers vous solliciteront. L'anglais est bien souvent la langue d'échange, mais parfois vous développerez peut-être d'autres modes de communication, par les signes, les sourires, les mimiques... C'est une expérience enrichissante !

L'annonce rédigée, il faut ensuite l'envoyer avec le paiement de la cotisation à l'association de wwoofing. Vous apparaîtrez rapidement sur Internet, dans la liste des hôtes que les wwoofers peuvent consulter en ligne. Il est possible que votre annonce n'apparaisse en revanche pas immédiatement dans le livret en papier (pour cause de délais d'impression, mais parfois l'association glisse un feuillet supplémentaire avec les annonces les plus récentes dans le livret).

Ne vous inquiétez surtout pas : vous recevrez des nouvelles des wwoofers plus tôt que vous ne le pensez. Selon la localisation géographique des hôtes, les activités qu'ils proposent, les prestations, leur notoriété (le bouche-à-oreille fonctionne bien dans le milieu du wwoofing !) ceux-ci reçoivent en moyenne de une à dix-quinze demandes par semaine.

Certains hôtes choisissent leurs wwoofers de la manière la plus simple : les premiers arrivés sont les premiers acceptés. D'autres préfèrent prendre le temps de téléphoner aux candidats, de réfléchir à leurs affinités communes pour choisir quelqu'un avec qui ils se sentent bien. Vous n'aurez peut-être pas l'embarras du choix au début de votre activité d'hôte, tout dépend de la saison où vous vous lancez. En France, c'est de mars à août que les demandes sont les plus fortes. La belle saison pousse les wwoofers à se lancer et le travail est aussi plus plaisant à distance du froid...

Si vous préférez une femme à un homme, un couple à deux amis, des wwoofers qui s'intéressent à votre métier, des wwoofers qui sont expérimentés ou des débutants, c'est à vous de prendre votre décision. Vous n'aurez généralement pas à vous justifier, sachez cependant que toute ségrégation raciale, sexuelle, religieuse ou autre n'est pas acceptable (comme dans la vie !) : les généralités sont parfois injustifiées et le wwoofing est un concept basé sur la solidarité, le partage, la générosité... Il faut faire la guerre des deux côtés (wwoofers et hôtes) aux discriminations de toutes sortes.

Aurez-vous le temps de faire découvrir les attractions régionales à vos wwoofers ? Ici, des sources chaudes naturelles en Nouvelle-Zélande

Si l'annonce d'un wwoofer, ou le premier contact téléphonique ne vous satisfait pas, si vous êtes hésitant ou mal à l'aise, vous pouvez poliment et rapidement décliner l'invitation. Ne culpabilisez pas : les wwoofers contactent souvent plusieurs familles, pour mettre toutes les chances de leur côté. Si après être convenus d'un rendez-vous avec des wwoofers, vous n'êtes plus disponible, contactez-les rapidement (surtout en saison hivernale où les places sont plus rares) pour qu'ils puissent trouver une autre maison pour les accueillir.

■■■ UN MOT SUR LA CONFIANCE

Certains d'entre vous aimeraient se lancer, mais se demandent peut-être s'il est bien raisonnable d'ouvrir sa maison à des inconnus ? La seule personne qui puisse répondre à cette question, c'est vous-même.

Lorsque l'on invite des amis ou des connaissances chez soi, ce sont bien souvent des personnes avec qui l'on a eu un contact préliminaire : téléphonique, en personne mais bref, par le biais de quelqu'un... C'est cette première impression qui vous permet d'être détendu et de ne pas vous demander toutes les cinq minutes si cette personne représente un risque pour vos bibelots. Il en va de même avec le wwoofing, la seule chose qui puisse vous protéger des mauvaises expériences (et personne ne peut vous garantir que vous n'en aurez que des bonnes), c'est d'écouter votre instinct. On a tous en nous cette petite voix qui s'élève parfois à tort ou à raison en présence d'un individu : on donne ou non sa confiance sur des critères très aléatoires et parfois peut-être injustifiés. Quoi qu'il en soit, vous êtes chez vous et vous devez agir avec votre cœur.

Sachez qu'il est tout aussi difficile pour un wwoofer de franchir le pas de votre porte, de rentrer dans votre univers. Que se passerait-il si vous aviez décidé de le séquestrer ? De lui voler ses maigres affaires, de profiter de lui ? Toutes les pires éventualités passent au moins une fois dans la tête de chaque partie : le wwoofer a peur pour lui et l'hôte pour les siens et ses biens. Mais, rassurez-vous, les wwoofers un peu roublards sont exceptionnels et je n'ai jamais entendu parler de wwoofers dangereux.

Pour les familles avec des enfants, il peut être difficile d'accorder sa confiance à des inconnus. Rassurez-vous, la plupart des wwoofers sont gentils et bienveillants. Nicolas donnant son dîner à Kanta, au Japon

↔ ENTRE WWOOF...

J'ai systématiquement posé cette question aux hôtes que j'ai rencontrés et avec qui j'ai vécu : « Avez-vous déjà eu des problèmes avec un wwoofer ? » Sur les vingt/vingt-cinq personnes interrogées et plus d'une centaine de wwoofers reçus par toutes ces familles, seulement deux mauvaises expériences m'ont été rapportées. En Nouvelle-Zélande, un couple nous a raconté avoir surpris un wwoofer qui consultait des sites pornographiques sur l'ordinateur familial. Interrogé discrètement au dîner, celui-ci a rétorqué que c'était le mari du couple qui consultait ces sites douteux, pas lui ! Il a été prié de partir dès le lendemain. Une autre expérience, toujours en Nouvelle-Zélande, chez une dame seule : elle avait affaire à un wwoofer d'une trentaine d'années qui passait ses journées à fumer de la marijuana dans sa chambre, refusait de travailler et a même fini par lui faire des avances ! Elle l'a chassé à coups de balai !

Une famille d'hôtes français m'a rapporté un triste fait qui illustre peut-être l'augmentation de la précarité dans nos sociétés : depuis quelques années en France, de nombreuses demandes de wwoofing proviennent de personnes qui n'ont plus d'argent ni de toit et qui se tournent vers cette activité d'échange pour subsister mais également continuer à être actifs. Il est très généreux de la part des hôtes d'ouvrir leur maison à ces personnes fragiles et en difficulté, un beau geste qui s'ancre bien dans l'esprit du wwoofing ! Pour une première expérience d'hôte, peut-être est-ce plus facile d'ouvrir sa porte à des étudiants ou des personnes un peu moins dans le besoin ? Vous verrez pourtant par la suite que ceux qui travaillent dur, ouvrent leur cœur et enrichissent votre quotidien familial sont parfois ceux qui n'ont que ça à partager.

Bien s'organiser pour recevoir des wwoofers

■■■ LES QUESTIONS ADMINISTRATIVES

Ça y est, vous voilà décidé et prêt à accueillir vos premiers wwoofers ! Quel que soit le travail que ceux-ci vont faire chez vous (ou dans votre exploitation, association...), vous devez vous assurer qu'ils sont protégés par votre assurance. Téléphonez à l'entreprise qui assure votre maison et vérifiez que les tiers sont assurés si un accident se produit à votre domicile. Il n'est pas nécessaire de prendre de coûteuses polices, de nombreuses assurances disposent d'options que vous pouvez activer par exemple si vous avez un petit chantier en cours. Le wwoofing n'est pas une activité rémunérée, le wwoofer est donc assimilable à un ami qui vient vous donner un coup de main pour repeindre un mur, faire la cuisine, ranger votre garage...

Ne négligez pas la sécurité de vos wwoofers.

Demandez à votre wwoofer s'il a pris une assurance de son côté (et incitez-le à le faire). Deux précautions valent mieux qu'une, trop d'accidents anodins peuvent arriver et il serait dommage que cela se transforme en une catastrophe financière et morale en plus d'un petit bobo !

À l'heure où j'écris ces lignes, le wwoofing n'est pas une activité réglementée en France. Peut-être est-ce dû à sa toute jeune et relative notoriété ? Espérons que ce guide encourage la multiplication des wwoofers et des hôtes dans notre pays ! Si tel est le cas, je vous invite à surveiller la législation car il est fort probable qu'une normalisation intervienne dans quelques années (surtout vis-à-vis des visas pour les wwoofers, peut-être une forme de taxe pour les hôtes ?). Cela dit, dans les pays anglo-saxons (et dans ceux où la réglementation du travail est différente ou moindre) où le concept existe depuis plus de dix ans, aucune loi ne vient pour l'instant contrarier le caractère gratuit du wwoofing, pour aucune des deux parties.

■■■ LA PRÉPARATION DE VOTRE MAISON

Rien ne vous empêche de préparer une banderole de bienvenue, de faire le ménage à fond, de décorer votre maison spécialement pour vos wwoofers. Cependant, nul besoin de ces efforts pour les accueillir ! Le wwoofing se passe dans une ambiance conviviale, chacun vient tel qu'il est et reçoit sans fioriture.

Prenez le temps d'installer un endroit convivial pour votre ou vos wwoofers, simple mais accueillant, avec un lit et des draps propres, une serviette, une lampe de chevet. Si vous avez le luxe de posséder une chambre en plus, expliquez à vos enfants qu'il est important de respecter l'intimité de votre nouvel invité. Les wwoofers, après une bonne journée de travail, ont besoin, comme vous, de se reposer au calme et dans un endroit qui leur soit provisoirement réservé. Si vous n'avez pas de chambre séparée, aménagez un coin de pièce délimité par un paravent ou un rideau. Essayez de laisser votre invité se reposer quand les premiers signes de fatigue se font sentir.

En été, certaines familles aménagent une tente dans le jardin ou sur une terrasse pour les wwoofers. C'est une solution tout à fait envisageable. Suggérez alors à votre wwoofer de venir avec un sac de couchage. D'autres encore offrent à un ou plusieurs wwoofers le luxe d'occuper une petite dépendance, parfois une caravane, une roulotte, une maisonette préfabriquée, un cabanon de jardin aménagé...

Votre maison sera parfaite telle qu'elle est. Soyez vous-même !
La maison de Ron et Karren au Canada.

Mais il arrive aussi, en particulier chez les personnes qui construisent leur maison, qu'il n'y ait pas de logement disponible. Vous devez le préciser dans l'annonce car ceci déroge à l'unique règle du wwoofing : offrir le gîte et la nourriture. Vous pouvez demander aux wwoofers de venir avec leur propre matériel de camping, un camping-car ou d'aller s'installer dans un camping des alentours. Ce sont eux qui décideront s'ils rejoignent l'aventure dans ces conditions, mais si le travail est intéressant et que l'hôte est chaleureux, il y a fort à parier que de nombreux intrépides se joindront au projet.

En Nouvelle-Zélande, si les familles ne pouvaient pas nous loger, cela n'était pas un problème car nous avions notre van équipé d'un lit.

↔ ENTRE WWOOF...

Au Canada, nous avons vécu trois semaines dans une tente/ moustiquaire installée dans un vieux hangar dans un coin du jardin, avec nos matelas et sacs de couchage. Ce fut rude, mais très intéressant comme expérience ! En Nouvelle-Zélande, nous avions investi dans un van, aménagé avec un lit, une cuisine... Nous avons wwoofé et vécu dedans lors d'un wwoof où nos hôtes n'avaient qu'une salle de bains d'extérieur très rudimentaire à offrir (avec toilettes sèches) ! En revanche, quel plaisir de faire sa toilette en plein air !

Pour bien travailler, il faut du matériel et des outils. Avez-vous aménagé votre poste de travail pour qu'il puisse être partagé et utilisé par un tiers ? Avez-vous assez d'outils si plusieurs wwoofers travaillent en même temps (outils de jardin, de chantier...) ? Avez-vous suffisamment de protections de sécurité (lunettes, gants de diverses tailles, tabliers, bleus de travail, bottes...) ? Ne négligez pas le matériel de sécurité, car s'il n'est pas grave de trouer son pull, d'abîmer son pantalon avec un peu de ciment ou de salir ses chaussures, il est très ennuyeux et douloureux d'avoir une main brûlée, de prendre un marteau sur le pied ou d'être ébloui pendant une soudure ! Parlez-en avec les wwoofers et incitez-les à venir eux-mêmes avec de bons vêtements de travail s'ils doivent faire du bricolage ou vous aider sur un petit chantier.

Le déroulement du séjour

LE BON ÉQUILIBRE ENTRE LE TRAVAIL ET LE TEMPS DE LIBRE

La chose la plus importante quand on fait du wwoofing, c'est de sentir son travail récompensé dans les deux sens. Le wwoofer est récompensé de son travail par de bons repas, une ambiance chaleureuse, l'opportunité d'apprendre et de partager de bons moments avec la famille qui le reçoit. L'hôte est récompensé de son accueil par le travail du wwoofer, sa disponibilité, sa bonne humeur et son aide dans les tâches quotidiennes. C'est un échange de bons procédés et la première des choses que vous devez définir avec les personnes qui vous contactent, c'est le ratio de travail que vous attendez en échange du gîte et du couvert que vous offrez. C'est un ratio très subjectif, qui se mesure par rapport à vos besoins, à votre culture, à votre manière de travailler, à vos valeurs ..

Dans certaines familles, on travaille dur du lever au coucher du soleil. Les activités assurent la subsistance (salaire, potager, élevage), peut-être parce qu'on n'a pas le choix mais aussi souvent parce qu'on aime ça ! Dans d'autres, on prend les choses comme elles viennent : ce qui doit être fait s'organise et dès qu'on a un moment de libre, on flâne avec les enfants, on va se promener... Les wwoofers que vous inviterez chez vous vont calquer (par plaisir ou nécessité) leurs habitudes de vie sur les vôtres. Il est bien évident que si toute la maison est réveillée à l'aube pour vaquer à ses occupations, les wwoofers ne vont pas commencer leur journée à 9 heures.

Mais c'est pourquoi, dès le premier contact, il faudra déterminer avec les wwoofers ce qui est attendu en terme d'heures d'actvités quotidiennes. Soyez souple cependant car tout le monde est différent, et n'hésitez pas à suggérer des aménagements horaires (par exemple une grosse matinée,

Au Japon, on travaille souvent dur du matin au soir, quelles que soient les conditions climatiques. Ici à Matsumoto, il faisait très froid.

On sait également faire la fête avec ses employés pour les remercier du travail accompli...

... ou remercier les wwoofers en leur faisant découvrir les activités locales. Ici la calligraphie traditionnelle japonaise à Matsumoto

puis l'après-midi de libre ou un bout de travail le matin et un bout le soir) si votre activité s'y prête.

Ne perdez pas de vue que les wwoofers ne sont pas venus pas chez vous à l'improviste. Ils sont là en connaissance de cause et savent ce que l'on attend d'eux. N'hésitez pas à leur redemander plusieurs fois de l'aide si vous sentez que c'est nécessaire, à les encourager à vous aider en cuisine par exemple s'ils n'en ont pas le réflexe.

Vous ne pouvez en revanche pas attendre des wwoofers qu'ils travaillent huit heures par jour avec vous dans la joie et la bonne humeur. Si certaines personnes le feront avec plaisir, pour un projet intéressant, stimulant ou parce qu'elles se sentent bien avec vous, la plupart des wwoofers ne s'impliqueront pas autant que vous dans les tâches que vous leur proposez, que vous soyez en pleine saison de récolte dans votre verger, dans une étape importante de la construction de votre maison ou débordé par le travail à faire auprès de vos animaux. Il y a donc un juste ratio de travail et de loisir à trouver, mais il est possible qu'avec l'expérience, vous constatiez que moins on demande d'aide, plus on en reçoit (mais ne la refusez pas quand on vous en propose !).

↔ ENTRE WWOOF...

Au Japon, notre première expérience de wwoofing fut très enrichissante mais extrêmement difficile. Nous sortions tout juste de l'été néo-zélandais pour nous plonger dans le rude hiver des Alpes Japonaises. La famille qui nous recevait ne parlait presque pas anglais et nous étions installés dans une petite maison séparée, tout seuls et avec un bento (un déjeuner japonais dans une boîte) en guise de repas de midi. Nous travaillions dans un verger de pommes sept à huit heures par jour, parfois sous la neige et à des tâches très rébarbatives et répétitives. Nous avons fait part de notre désarroi à notre hôte, car cette organisation ne nous permettait pas de découvrir leur façon de vivre si différente de la nôtre, ni même d'aller visiter les alentours. La famille s'est montrée très compréhensive et nous a emmenés chaque soir à la découverte d'un nouveau pan de la vie japonaise : les bains chauds (onsen), les cours de calligraphie, le restaurant de sushis, les soirées saké en famille, le karaoké, le yoga... Ce fut une expérience inoubliable !

■■■ LE PREMIER CONTACT ET LES PREMIERS JOURS

Les wwoofers arrivent en général le soir ou en fin d'après-midi. Si vous êtes très occupé, c'est probablement le moment où vous aurez le plus de temps à accorder à vos nouveaux invités. Les présentations sont importantes, puisque c'est à ce moment-là que vous échangerez sur votre façon de travailler et de vous organiser. Vous allez aussi présenter votre famille. Essayez d'expliquer au préalable à vos jeunes enfants qui sont ces gens qui viennent dormir et manger chez vous (vous éviterez les questions comme : « Maman, il va pas dormir dans ma chambre, dis ? », ou encore : « Papa, quand est-ce qu'elle s'en va, la dame ? »).

Les wwoofers seront sûrement très heureux d'en savoir un peu plus sur vous, ce que font les autres membres de la famille, quelles sont vos activités de loisir, si vous avez des habitudes particulières ? Tout ce qui peut les aider à rapidement se sentir chez eux sera important à communiquer. N'oubliez pas de leur poser des questions sur leur vie également !

Pourquoi font-ils du wwoofing ? D'où viennent-ils, où vont-ils ? Est-ce qu'ils ont eu d'autres expériences avant celle-ci ? Les gens aiment qu'on leur pose des questions, cela les met à l'aise et ils se sentent plus facilement bienvenus et acceptés.

Les premiers jours de travail se passeront mieux si vous pouvez dégager un peu de temps pour expliquer et montrer aux wwoofers ce qu'ils auront à faire. De nombreuses familles se dotent d'un tableau blanc où les tâches du jour, ou de la semaine, sont inscrites puis rayées une fois réalisées. De cette manière, on est encouragé et satisfait de voir les tâches avancer !

Prenez le temps de bien expliquer aux wwoofers le travail à effectuer.
Ici, la construction d'un mur en argile dans un jardin en Nouvelle-Zélande

N'hésitez pas à faire des listes très détaillées, pour éviter qu'on vous sollicite trop souvent. Si, par exemple, vous avez besoin de wwoofers pour vous aider à faire des briques pour construire un mur, vous pouvez inscrire les étapes sur une feuille de papier que vous imprimez comme guide à leur intention. En organisant plusieurs « fiches de savoir » de la sorte au fur et à mesure, vous améliorerez considérablement l'autonomie des wwoofers, tout en les responsabilisant.

Dans certaines familles, on définit en début de séjour un « projet », c'est-à-dire une tâche à exécuter du début à la fin, qui puisse rendre le wwoofer fier de son travail à son départ et surtout lui donner un but : il n'est pas toujours très plaisant de n'être qu'un tout petit maillon d'un très grand projet... Pour que vos wwoofers se sentent utiles, confiez-leur des tâches qui aient du sens et expliquez-leur qu'une fois accomplies, cela vous facilitera la vie ! Dans la mesure du possible, essayer de définir des objectifs réalisables, car une grande liste de projets peut en effrayer certains... Surtout s'il est évident qu'ils ne peuvent pas y arriver dans le temps imparti !

↔ ENTRE WWOOF...

Il nous est arrivé de wwoofer à des endroits où les hôtes nous demandaient un travail, mais sans nous donner la possibilité de le terminer (faire un jardin, mais sans nous fournir de terreau pour semer les nouvelles plantes après des heures de désherbage, installer une clôture mais en oubliant les attaches qui auraient permis de la fixer...). Il est parfois très frustrant de partir dans ces conditions car on a le sentiment d'avoir finalement créé plus de pagaille qu'on a rendu service !

Essayez de faire un petit point toutes les semaines avec vos wwoofers : comment se passe leur travail ? Sont-ils satisfaits de leur séjour jusqu'à présent ? Y a-t-il des choses qu'ils aimeraient faire en plus ou des choses qui ne leur plaisent pas ? Vous ne pourrez sûrement pas remédier à toutes les situations mais, en leur posant la question, vous pourrez peut-être trouver ensemble de nouvelles tâches ou leur atribuer plus souvent une tâche qu'ils apprécient.

Balade dans une forêt de grands arbres le week-end, avec Rick et Helen, Canada, Colombie-Britannique

LES ACTIVITÉS DE LOISIR

En ce qui concerne le temps libre des wwoofers, vous pouvez adopter deux attitudes :

- leur proposer des activités avec vous et votre famille : par exemple un pique-nique en forêt ou sur la plage, une séance de cinéma, un repas chez des amis, l'organisation d'une fête avec des voisins, un week-end camping, une partie de bowling...

- au contraire, les laisser se débrouiller seuls pour conserver un peu d'intimité avec votre famille. Dans ce cas-là, vous pouvez leur proposer une liste d'activités à faire autour de chez vous. Vous pouvez aussi mettre à leur disposition et dans la mesure du possible, une voiture, des vélos, un canoë, une tente, du matériel d'escalade, bref tout ce qui sera utile pour les divertir.

Si vous invitez un ou plusieurs wwoofers à rester chez vous sur une longue période (certains peuvent rester jusqu'à un an selon le type de visa), essayez malgré tout de passer quelques moments avec eux, car partager des activités en dehors du travail est un moyen convivial d'installer une ambiance chaleureuse entre vous.

Le wwoofing
en France & dans le monde

Le wwoofing en France

Le wwoofing en France existe depuis la fin de l'année 2007. C'est une famille de wwoofers français qui a créé l'association pour permettre à tous les curieux de vivre cette expérience dans notre beau pays, mais également pour inciter les étrangers à venir partager une partie de notre culture, autrement que par le biais d'une visite de la tour Eiffel ou des hôtels de la côte d'Azur.

Rendez-vous sur le site de Wwoof France pour la liste des hôtes français.

www.wwoof.fr

En 2010, il y avait environ quatre cents hôtes inscrits. Quatre cents familles susceptibles de recevoir chez elles des wwoofers, de leur apprendre les bases de leur métier, de partager avec eux les beautés de leur région, de faire découvrir la culture française et notre formidable gastronomie !

L'offre française est éclectique et répartie sur à peu près l'ensemble du territoire. Que les wwoofers souhaitent s'immerger dans une ferme de l'arrière-pays niçois, découvrir la vie dans la campagne auvergnate, s'immerger dans le quotidien des fermiers du Jura ou goûter à l'atmosphère océane de la Bretagne, ils trouveront leur bonheur.

En ville, l'offre est extrêmement réduite pour ne pas dire quasi inexistante ! Pas facile en effet de recevoir des wwoofers dans un appartement ou une petite maison citadine. Le rythme de la vie urbaine s'adapte mal au concept. Une alternative existe cependant, pour les wwoofers entre deux hôtes et de passage en ville ou pour les voyageurs curieux : le *couch surfing* (voir description à la section « Le wwoofing dans le monde »).

Les hôtes interrogés confient qu'en moyenne 60 % de leurs demandes proviennent de wwoofers français, voisins ou au contraire habitant à l'autre bout de la France et souhaitant passer un moment dans un environnement différent. Ce chiffre est surprenant lorsque l'on sait que le wwoofing existe depuis beaucoup plus longtemps à l'étranger qu'en France. Les Anglo-Saxons, pourtant si familiers du concept, seraient-ils hésitants à venir passer du temps dans les familles françaises ? Ceci s'explique peut-être par le fait que nous sommes malheureusement internationalement célèbres pour notre faible niveau en langues étrangères... Une particularité qui n'effraie pourtant pas les wwoofers japonais, plutôt nombreux proportionnellement à poser leur candidature (serait-ce parce qu'eux aussi ont une faiblesse à ce niveau ?).

Quel est l'intérêt de faire du wwoofing dans son propre pays ? Les wwoofers qui se lancent en France le font pour de nombreuses raisons :

- pour découvrir une nouvelle région ?
- partir en vacances et chercher le dépaysement même s'ils n'ont pas les moyens ou l'envie d'aller à l'étranger ?
- voir leur pays sous un angle différent, comme un touriste avec des yeux curieux ?
- découvrir une nouvelle façon de vivre, appréhender la vie différemment ?
- visiter une région et se faire des contacts en vue d'une future installation ?
- apprendre un métier, une nouvelle activité, une compétence ?
- prendre une année ou six mois sabbatiques et faire le point...

Il y a sans doute des milliers d'autres raisons, à vous de trouver la vôtre ! Le wwoofing en France en est à ses balbutiements et ne demande qu'à se développer, grâce à de nouveaux hôtes et de nouveaux wwoofers.

Si vous prévoyez de faire du wwoofing à l'étranger, il est intéressant de commencer à expérimenter ce concept de voyage dans votre propre pays. Débuter avec vos bases culturelles vous aidera à vous sentir à l'aise plus rapidement dans la famille qui vous accueille.

Le wwoofing dans le monde

DE NOMBREUX PAYS

Vous pouvez faire du wwoofing dans une petite centaine de pays (dont vous trouverez la liste ainsi que l'adresse des sites Internet en fin d'ouvrage). Si le choix est vaste, certains ont plus d'hôtes que d'autres. D'une manière générale, les pays anglo-saxons (souvent avant-gardistes !) ont rapidement développé le concept et suscité l'enthousiasme des wwoofers étrangers. Ainsi, en Grande-Bretagne, en Irlande, au Canada, aux États-Unis, en Nouvelle-Zélande, en Australie... Des centaines d'hôtes sont répertoriés et vous aurez l'embarras du choix quant aux activités à réaliser.

Liste et liens vers les sites wwoof de tous les pays disponibles

http://bit.ly/16404By

En Europe, le wwoofing a pris son essor autour de l'année 2004, vous pouvez maintenant vous rendre dans un grand nombre de pays. L'Europe de l'Est s'ouvre également, et c'est une bonne nouvelle pour les Français qui souhaitent découvrir ces cultures différentes de la nôtre. Le wwoofing vous permettra de prendre part à la vie de tous les jours des habitants et pas seulement de visiter de nouvelles régions.

Dans le monde, le wwoofing s'implante en Amérique du Sud de manière assez rapide. N'hésitez pas à vous rendre sur place, car le wwoofing marche aussi par la bouche-à-oreille. Si vous passez d'agréables moments dans une famille, celle-ci pourra peut-être vous orienter vers des amis, des connaissances susceptibles de vous recevoir dans les mêmes conditions même s'ils ne sont pas inscrits dans le guide. Si le pays qui vous intéresse n'est pas répertorié, ni dans un wwoof national ni dans un wwoof indépendant, essayez d'aller faire un tour sur le site d'Help Echange (Helpx.net), qui propose un concept similaire, avec une adhésion internationale annuelle. Les hôtes sont plus clairsemés, mais cela peut vous ouvrir de nouvelles portes.

En Afrique et en Asie, continents où certains pays sont malheureusement en conflits internes ou internationaux ponctuellement ou régulièrement, le wwoofing est moins développé. Néanmoins, vous pouvez trouver des expériences intéressantes, qui se rapprochent parfois du volontariat plus que du wwoofing. Mais le coût de la vie étant bien inférieur à celui de l'Europe, la participation aux repas ou au logement qui peut vous être demandée sera très sûrement minime.

Le wwoofing en Asie, une occasion d'aborder de près des codes culturels si différents des nôtres. Prière devant le temple Shinto au Japon

Reportez-vous à la section «Bien préparer son séjour» (p. 51-58), pour en savoir plus au sujet des visas et des démarches à effectuer pour wwoofer à l'étranger. En Europe, vous n'aurez pas de problèmes mais il se peut que vous ayez besoin d'un visa touristique à demander avant votre départ pour certains pays d'Afrique et d'Asie.

■■■ UN TOUR DU MONDE?

Si l'idée d'un tour du monde de wwoofing, ou d'un voyage dans plusieurs pays sur plusieurs continents vous séduit, sachez qu'il existe aujourd'hui de nombreux moyens de réaliser ce rêve.

Que vous soyez étudiant, salarié ou à la recherche d'une activité, il n'est pas si difficile de faire de la place dans votre emploi du temps, si vous êtes vraiment motivé!

Pour les étudiants, une année de césure (en fonction du cursus que vous réalisez) peut se révéler très bénéfique et enrichir utilement votre parcours. Sur un cycle de trois, cinq ou même huit ans, vous ne serez probablement pas plus pénalisé qu'une personne ayant redoublé ou hésité dans sa scolarité si vous vous octroyez une année pour faire du wwoofing. Car ce concept représente bien mieux qu'une année sabbatique consacrée à voyager et découvrir le monde! Vous pourrez valoriser votre désir de participer à une activité solidaire et de partage, le fait d'avoir découvert en profondeur un pays et une culture, d'avoir été en contact avec des personnes différentes, l'apprentissage d'une nouvelle langue ou son perfectionnement, les savoir-faire atypiques que vous aurez appris : il y a des milliers de choses à mettre en avant lors d'une telle expérience!

Si vous êtes salarié, vous pouvez vous renseigner auprès de votre employeur ou de votre responsable des ressources humaines (et éplucher en plus votre convention collective) pour connaître les modalités d'obtention d'un congé sabbatique. En fonction de vos années d'ancienneté (légalement six ans sont nécessaires, mais souvent c'est au cas par cas), vous bénéficiez de plusieurs mois, voire d'une année de congé possible (bien entendu, ce sont des congés sans solde!). Si vous avez de bonnes relations avec votre employeur, vous pouvez aussi envisager une solution de travail à distance ou partiel, ou bien imaginer un reportage (si vous êtes journaliste par exemple), ou une mission à l'étranger... Réfléchissez aux possibilités de tourner votre requête en une opportunité mutuelle. L'avantage d'un congé sans solde est que vous conservez votre emploi à votre retour, mais aussi

Sortir de son quotidien de citadin.

que vous restez actif et donc rattaché à la caisse de sécurité sociale, ainsi qu'à votre mutuelle. Un avantage considérable, financièrement parlant...

Si aucune solution amiable ne peut être trouvée avec votre hiérarchie et que vous êtes vraiment motivé(e), vous pouvez tout simplement démissionner ! Votre solde de tout compte en poche, vous voilà prêt à rendre ou délaisser provisoirement votre logement, empaqueter vos affaires et partir à l'aventure. C'est la solution que nous avons choisie avec mon mari, en mars 2008, après quatre mois d'intenses réflexions. Une décision comme celle-là peut changer votre vie en vous offrant l'opportunité d'une pause tout à fait saine dans votre carrière. Si vous organisez votre voyage et que vous mettez toutes les chances de votre côté pour le rendre intéressant et enrichissant, il y a fort à parier qu'elle sera très gratifiante pour la suite de votre parcours professionnel.

En ce qui concerne les déplacements, il existe de nombreuses formules de billets d'avion « tour du monde ». Pour environ 2 000 à 2 500 euros, vous pouvez choisir une dizaine d'escales, sur une durée d'un an. Les destinations possibles dépendent de la compagnie qui fournit le billet, mais c'est en général assez exhaustif sur les cinq continents et dans les îles. Si ces offres sont imbattables financièrement parlant, ce sont loin d'être les plus écologiques. Ces sauts de puce ont un intérêt parfois limité et leur nombre élevé limite le temps passé à chaque escale. C'est pratique lorsque l'on part dans une optique de visite, mais lorsque l'on fait du wwoofing, il est plaisant de consacrer au moins trois mois à chaque pays, pour s'imprégner de l'ambiance, prendre le temps de découvrir ses hôtes et ne pas se presser d'une maison à l'autre.

Les alternatives existent, comme par exemple les transports en commun : le bus longues distances (au Canada, aux États-Unis, en Australie, tous les grands pays modernes ont des lignes de bus confortables et économiques, armez-vous juste de patience), le train (le transsibérien par exemple), le stop (avec prudence et modération) ou le bateau-stop si vous avez le pied marin ou l'envie d'apprendre la navigation.

Le stop est vraiment agréable et facile dans certains pays comme le Canada ! Mais soyez très prudent et évitez de « faire du pouce » tout seul.

↔ Entre WWOOF...

Au Canada, nous avons été pris de court par la grandeur du pays. Les transports en commun étant hors du budget que nous avions prévu, nous avons opté pour le covoiturage longue distance. Sur le site Internet *Craigs List* (qui fonctionne aussi aux États-Unis) nous avons déposé des annonces à la recherche de compagnons de route. La réponse a été rapide : nous avons parcouru plus de 2 000 km en quatre jours avec un Français qui déménageait de Québec à Vancouver. Notre second voyage de 1 800 km avec une Australienne en 4 x 4 nous a pris trois jours. Nous avons payé notre part de l'essence, ainsi que quelques repas et chamallows au coin du feu. Nous nous sommes arrêtés en route dans de magnifiques parcs régionaux, où nous avons campé, où nous nous sommes baignés et dans lesquels nous avons profité de la magnifique nature. Le covoiturage est une excellente alternative aux transports en commun ! Soyez néanmoins vigilant et profitez des moyens de communication modernes comme Internet ou le téléphone pour connaître un minimum la personne qui va vous accompagner.

Si vous wwoofez dans plusieurs pays, vous allez devoir malheureusement vous acquitter du prix de la cotisation wwoof dans chacun d'eux... C'est un des inconvénients du développement indépendant d'associations nationales. Les wwoofs nationaux et indépendants sont complètement autogérés, sans lien entre eux ce qui ne facilite pas toujours les recherches car les critères peuvent changer d'un pays à l'autre. Quoi qu'il en soit, chaque cotisation est valable un an : je vous recommande donc de préparer au fur et à mesure votre voyage en planifiant votre itinéraire un pays à l' avance. Car, comme nous l'avons vu, certains pays sont mieux pourvus que d'autres en terme de densité d'hôtes, il en va de même pour les régions. Par exemple, au Canada, il y a plus d'hôtes disponibles au sud du pays, plus on monte vers les territoires du nord et plus la densité de population baisse (ainsi que la température) ?; en France, il y a plus d'hôtes en Creuse qu'en Île-de-France ! Vous pouvez bien souvent consulter une carte ou une liste des hôtes avant même d'adhérer à l'association sur le site Internet. Profitez-en pour planifier votre route avec les transports en commun ou envisager de louer ou d'acheter un véhicule (pratique très commune et économique en Australie et en Nouvelle-Zélande).

UN VOYAGE BIEN ORGANISÉ

Pour profiter pleinement de votre expérience à l'étranger, partez couverts ! Investissez dans une assurance tour du monde qui couvre en un seul contrat l'intégralité des pays que vous visitez. Les prix varient du simple au double, mais il faut faudra compter minimum 40 euros par mois et par personne pour une assurance qui garantit le rapatriement, ainsi que les soins à l'étranger sans une franchise trop importante. Pour votre sécurité, ainsi que la tranquillité d'esprit de votre famille quel que soit votre âge, ne négligez pas les assurances… Aux États-Unis et dans de nombreux pays, un simple bras cassé peut vous coûter des milliers d'euros, un rapatriement plusieurs dizaines de milliers d'euros. Votre année de wwoofing pourrait alors se transformer en un vrai cauchemar avec un emprunt pour soins à rembourser des années après ! Partez l'esprit libre et n'ayez plus peur d'aller arpenter le désert, surfer sur des plages paradisiaques, faire de la plongée, de grandes randonnées ou simplement quelques petits travaux dans une maison.

Sortez couverts ! Week-end aux chutes du Niagara, pendant notre séjour à Hanover chez Ron et Karen

Renseignez-vous attentivement sur les visas et les vaccins (voir détails dans le chapitre 2). Profitez de notre fantastique système de sécurité sociale pour les effectuer avant votre départ (attention aux rappels) car un vaccin rare dans un pays étranger pourrait ruiner votre budget. Certaines vaccinations sont obligatoires ou fortement conseillées, surtout si vous allez en zone rurale. Les visas sont à prévoir plusieurs semaines ou mois à l'avance, car vous allez souvent devoir vous rendre dans une ambassade (donc une capitale) et déposer votre précieux passeport quelques jours pour avoir le visa.

Ne vous inquiétez pas si vous ne parlez pas la langue du pays dans lequel vous vous rendez. L'anglais est une langue internationale, pratiquée dans beaucoup de maisons, et si d'aventure vos hôtes ou vous même avez des difficultés à vous exprimer dans la langue de Shakespeare, vous trouverez toujours des moyens intelligents et originaux de communiquer. Ne manquez pas d'apprendre quelques mots dans la langue maternelle des hôtes qui vous accueillent. Il est très facile de trouver sur Internet ou dans les guides touristiques des mini-lexiques qui vous apprendront les expressions de base. On ouvre beaucoup de portes et on encourage les sourires lorsque l'on sait dire « bonjour », « au revoir », « merci », « bonne journée », etc. Pensez-y !

Au sujet de la monnaie et du taux de change, si vous jonglez d'un pays à l'autre, vous risquez de perdre beaucoup d'argent dans les banques. Certains pays acceptent bien les chèques de voyage, d'autres un peu moins et surtout il y a parfois une commission importante. Évitez de changer de l'argent aux aéroports et autres lieux touristiques qui taxent systématiquement chaque transaction d'un honteux pourcentage. Si vous restez plus de trois mois dans un pays, je vous conseille vivement de faire les démarches pour ouvrir un compte et vous munir d'une carte de retrait. Dans les pays anglo-saxons, c'est souvent un jeu d'enfant, vous n'en avez que pour cinq minutes. Faites bien attention cependant aux règles bancaires qui diffèrent d'un pays à l'autre (taxe sur les opérations, système de crédit qui nous est inconnu en France, débit différé). Selon la banque qui gère votre argent en France, un virement international peut être très rapide et économique (parfois gratuit !), vous n'avez ensuite plus qu'à penser dans la devise du pays, avec la somme que vous vous êtes accordée. Si vous restez moins de trois mois ou que vous n'avez pas envie de vous encombrer avec des démarches, je vous recommande de vous munir avant votre départ d'une carte bleue performante (de type Premier) car ces cartes qui sont plus chères à l'achat ont des avantages considérables en ce qui concerne les

taux de change, les plafonds de retrait à l'étranger et le pourcentage sur les commissions. Surtout, ne partez pas avec une Mastercard ! Elles ne sont que très peu utilisées à l'étranger et vous aurez des difficultés incroyables à trouver un distributeur compatible. Allez voir votre banquier avant votre départ et discutez avec lui des possibilités et des plafonds de retrait : mettez le plafond au maximum et retirez de grosses sommes d'argent le moins souvent possible pour éviter les frais. Bien entendu, cette solution comporte des risques : il faut bien faire attention à votre carte pour ne pas vous la faire voler et voir votre compte vidé, il faut aussi faire attention à l'argent que vous allez promener avec vous. Répartissez les sommes dans plusieurs endroits, blousons, sacs, pour ne pas être surpris. D'une manière générale, faites très attention à vos biens personnels à l'étranger. De simples précautions et du bon sens suffisent, gardez toujours vos papiers sur vous, cachez-les dans une pochette de voyage invisible à glisser sous vos vêtements. La nuit, dans les lieux publics, dormez avec cette pochette et cachez-la dans un endroit sûr pendant vos périodes de wwoofing.

Côté budget, il est très difficile de vous donner une estimation des dépenses. Comme nous l'avons vu, le wwoofing ne coûte rien ou presque. La cotisation aux associations des pays qui vous intéressent, les billets d'avion, le transport dans le pays, quelques auberges de jeunesse ou hôtels, un peu de nourriture sont les principales sources de dépenses. Si vous êtes très économe, ou bien jeune et peu exigeant (les pâtes, le riz, les soupes...), vous allez pouvoir faire des kilomètres pendant des mois avec un tout petit budget ! En général, on dit qu'il faut compter 15 000 euros par an et par personne pour un tour du monde (sans wwoofing). Si vous wwoofez, vous pouvez sans problème diviser ce chiffre par deux, ou plus si vous vous débrouillez pour faire du *couch surfing* ou vous rendre dans des destinations bon marché.

↔ Entre wwoof...

Au Japon, nous avons rencontré un homme de 35 ans qui travaillait dans des auberges de jeunesse ponctuellement, faisait du wwoofing et se baladait comme cela dans toute l'Asie depuis cinq ans. Il était parti avec une petite douzaine de milliers d'euros (le prix d'une petite voiture !) et remplissait et vidait ses poches au fur et à mesure de ses pérégrinations. En Asie, nombreux sont les jeunes routards qui partent des mois faire du volontariat et profiter des beautés de ces pays avec quelques centaines d'euros en poche... Ne pensez pas les voyages réservés aux personnes fortunées ou ayant économisé des années pour réaliser leur rêve. En ce qui nous concerne, six mois d'économies draconiennes et quelques aides et travaux en route nous ont permis de nous échapper à l'autre bout du monde pendant quinze mois.

FINANCER VOTRE VOYAGE

Savez-vous qu'il existe des aides de l'État, des bourses et autres compétitions auxquelles participer pour remporter de quoi financer une partie de votre voyage ? Si vous préparez un voyage thématique, avec un fil rouge intéressant et réaliste, une planification de vos destinations, rencontres, un budget précis et raisonnable, le tout monté dans un dossier bien préparé, vous avez de grandes chances de remporter une de ces bourses ou de trouver quelqu'un pour vous donner un coup de pouce. Plusieurs options s'offrent à vous (adresses détaillées en fin d'ouvrage) :

Informations sur les bourses de voyage

http://bit.ly/169LlaT

- Vous pouvez solliciter les bourses d'État, comme par exemple le programme *Envie d'agir* soutenu par le ministère de l'Éducation nationale et d'autres partenaires privés. Vous devez avoir entre 11 et 30 ans et votre projet doit répondre aux valeurs soutenues par le programme. Les « Projets jeunes » peuvent atteindre 1 000 euros d'aide et les « Défis jeunes » (plus de critères, dossier béton à prévoir et beaucoup de préparation nécessaire) 6 000 euros !

- La bourse *Déclics Jeunes de la Fondation de France* peut s'élever jusqu'à 7 600 euros. Attention, il n'y en a qu'une par an, les candidatures se font en septembre et les critères sont nombreux.

- La bourse du rêve de *Dreamshake.com* récompense annuellement de nombreux projets autour des thèmes de la solidarité, du voyage, de l'environnement, etc.

- Il existe aussi des bourses régionales, départementales ou de ville : contactez votre région ou allez vous renseigner à la mairie ou à la préfecture. Ces bourses sont souvent liées à votre lieu de résidence, vous devrez justifier d'une plus-value apportée par votre projet auprès de l'administration qui vous soutient. Par exemple, souhaitez-vous organiser une exposition photo à travers la région à votre retour ? Aimeriez-vous avoir un contact régulier avec des classes de votre ville pour partager votre voyage avec les plus jeunes ? Allez-vous créer une association ou avez-vous un projet d'entreprise ? Les montants de ces bourses sont variables.

- Le *Crous* accorde des bourse aux étudiants qui partent à l'étranger pendant leurs études. Vous pouvez cumuler stage à l'étranger et wwoofing ou tenter de trouver un hôte qui gère une entreprise dans le domaine de vos études (vous serez particulièrement avantagés si vous étudiez l'environnement, la faune, la flore, l'agriculture, etc.).

- Si la thématique de votre voyage s'inscrit dans un désir de professionnalisation, vous pouvez solliciter l'aide d'une entreprise. Elle prendra la forme d'un sponsoring ou d'un mécénat plus que d'une bourse. Le mécénat signifie que l'entreprise vous accorde une aide sans rien vous demander en retour. Le sponsoring est un contrat : vous vous engagez à donner de la visibilité à la marque (comme un logo sur votre site, un écusson sur vos vidéos, un badge sur vos vêtements pendant les photos) et/ou à leur rendre un travail (comme un reportage, des articles de suivi...). Le sponsoring se développe positivement depuis quelques années : quelques grandes entreprises souhaitent partager des projets intéressants avec leurs équipes internes, c'est un moyen de dynamiser la cohésion d'entreprise. Tentez votre chance et insistez !

- Selon le type de voyage que vous envisagez, vous pouvez solliciter du mécénat en nature. Par exemple, si vous prévoyez beaucoup de camping, ou du wwoofing en Russie ou dans le nord du Canada pendant l'hiver, ou un tour du monde en vélo, vous pouvez contacter des marques avec votre dossier et leur demander de vous donner ou prêter du matériel. Généralement, les grandes marques n'aident que les projets à haut risque ou très ambitieux, mais si vous êtes un aventurier, tentez votre chance ! Les petites marques de chaussures, d'équipement ou même les petits magasins seront plus enclins à vous donner un coup de pouce.

- Une forme de générosité touchera sûrement vos amis proches, votre famille ou votre cercle de connaissance. En créant un site Internet où vous partagez vos aventures, vous faites rêver d'autres personnes n'ayant pas la chance ou la possibilité de faire de même. Vous recevrez de nombreux mails de soutien, d'encouragement et pourquoi pas quelques dons ? Ne vous attendez pas à recevoir de quoi faire trois fois le tour de la terre, mais un petit coup de pouce sera le bienvenu et surtout, cela vous donnera du baume au cœur de savoir que d'autres suivent vos aventures ! Cette forme de sollicitation d'argent pour un projet personnel est parfois critiquée, je vous encourage pourtant à ne pas hésiter à le faire, car le wwoofing est avant tout un concept autour de la solidarité. Vous allez aider des gens dans le besoin, partager votre bonne humeur, vos bonnes idées et véhiculer une image positive de l'entraide. Dans une société ou beaucoup ne pensent qu'à leur confort, le wwoofing est une bouffée d'air frais qui vaut bien un petit coup de pouce !

Outre la possibilité de solliciter des bourses et aides, la planification de votre voyage vous permettra d'organiser vos déplacements, votre budget et vos émotions. Combien de voyageurs prévoient de grands projets et s'arrêtent en cours de route à cause d'un budget mal géré, d'une mauvaise répartition des activités induisant fatigue puis ennui, ou tout simplement d'une divergence d'opinion. Si vous voyagez entre amis ou en couple, la planification est particulièrement importante si vous souhaitez que votre aventure se déroule sereinement. Un malentendu, des envies différentes sont toujours à prévoir et le voyage à plusieurs est un compromis perpétuel.

Un voyage bien organisé, c'est l'assurance d'un couple ou d'un groupe soudé jusqu'au bout, quoi qu'il advienne. En Nouvelle-Zélande sur la côte Ouest.

En organisant votre emploi du temps à l'avance, vous êtes sûrs de satisfaire tout le monde et si par hasard vos chemins se séparent, ce sera avec le sourire !

Vos mois d'inactivité professionnelle prendront tout de suite aussi un caractère plus sérieux. Le fil rouge de votre aventure se transforme en un projet enrichissant, dont vous pourrez tirer parti pour la suite de votre carrière. Vos futurs employeurs vous verront comme un voyageur responsable et structuré et non comme un rêveur s'étant exclu de la société pendant plusieurs mois.

En France, la compétition pour l'emploi est de plus en plus redoutable. Les diplômes ne suffisent plus toujours à trouver un emploi intéressant et c'est de plus en plus la valorisation des expériences extraprofessionnelles qui fait la différence. Profitez-en ! Lancez-vous si c'est vraiment ce que vous voulez et n'ayez pas peur du regard des autres. Vous y verrez souvent plus d'envie et d'admiration que de mépris.

■■■ TRAVAILLER ET WWOOFER

Vous l'avez bien compris, le wwoofing n'est pas une activité rémunérée. C'est un échange de bons procédés qui ne coûte pas d'argent mais seulement de l'énergie et de l'investissement aux hôtes comme aux wwoofers. Pour autant, et à condition d'avoir un visa vous permettant de le faire, vous pouvez travailler à côté de vos heures de wwoofing. En période estivale, nombreux sont les wwoofers qui s'installent à proximité de fermes et font en plus de petits travaux saisonniers.

Vous pouvez choisir d'alterner les périodes de travail et de wwoofing, ou faire les deux en même temps. Parmi les emplois vous permettant cette liberté, vous avez les récoltes, qui se passent souvent tôt le matin et vous laissent l'après-midi libre pour wwoofer Vous pouvez aussi faire du babysitting, des travaux d'entretien ménager ou de jardinage dans le voisinage de vos hôtes. Vous pouvez travailler dans un petit magasin ou un restaurant ponctuellement ou par exemple proposer des visites régionales dans votre langue natale. Les possibilités sont infinies, vos deux seules contraintes seront de toujours demander l'accord de votre hôte et surtout de rester en bonne santé ! Cumuler deux emplois, même ponctuellement, peut être très fatiguant et vous aurez besoin de périodes de repos, pour remplir vos batteries mais aussi pour profiter de votre aventure. Quel intérêt de faire tout cela si vous n'avez pas le temps de l'apprécier ?

ENTRE WWOOF...

La section ci-dessus est pleine de conseils issus d'une expérience personnelle qui s'est bien déroulée ! Avant notre voyage, nous avons soigneusement planifié chaque détail, en laissant tout de même une marge à l'imprévu et l'aventure. Nous avons sollicité des bourses, dont les aides se sont révélées précieuses et importantes (3 000 euros). Nous avons remué la terre et le ciel pour trouver des partenaires, réduit nos envies, affiné notre projet et surtout travaillé des heures et des heures en plus de nos tâches de wwoofers pour nous offrir ce voyage qui nous faisait tant rêver. Notre couple s'est soudé autour du fil rouge du projet, nous évitant ainsi bien des disputes ou des chemins divergents. De retour en France, nous avions toujours les pieds sur terre et une expérience très enrichissante à valoriser, ce qui a nous a permis de retrouver deux emplois intéressants très rapidement.

Si vous wwoofer dans un champ du matin au soir, il vous faudra beaucoup de courage pour le faire également pendant vos périodes de repos !

PARTIR avec des enfants

■■■ LE WWOOFING AVEC DES ENFANTS, POURQUOI PAS ?

Il y a beaucoup d'activités que l'on ne peut pas faire avec ses enfants, le wwoofing n'en fait pas partie ! C'est une activité saine, sociabilisante et responsabilisante. C'est aussi une façon ecologique et économique de partir en vacances, qui change des visites, des musées, du camping et des voyages au ski. Quoi de plus excitant pour un enfant que d'avoir enfin le droit (avec un minimum de cadrage tout de même) de toucher des outils, fabriquer des « trucs », mettre ses mains partout, gambader toute la journée, rencontrer de nouveaux enfants et changer du schéma « famille » traditionnel ?

Un livre sur l'aventure d'une famille de wwoofers et leurs deux enfants

http://bit.ly/15yQYZN

Si vous élevez ou avez élevé vos enfants dans une logique de partage, peut-être de manière un peu alternative (ce qui est fort probable si vous tenez ce guide entre vos mains) et que vous êtes des parents ouverts aux nouvelles expériences, pourquoi ne pas tenter le wwoofing ? Vos enfants auront à coup sûr des milliers d'histoires incroyables à raconter à leurs camarades de classe à leur retour... Si vous avez de faibles revenus, une grande famille et beaucoup d'énergie à revendre, c'est le compromis idéal pour occuper tout le monde une partie des deux mois d'été ou pendant les vacances de printemps. Si vous êtes citadin et que la campagne vous manque, vous pourrez en vanter les bienfaits à vos enfants en les habituant dès leur plus jeune âge aux activités d'extérieur, au contact des animaux et à vivre dans un environnement plus « nature ».

Le wwoofing peut créer, consolider ou réparer la cohésion au sein de votre famille. C'est une expérience que vous allez partager tous ensemble et dont vous vous souviendrez longtemps. Il y aura très probablement des moments difficiles, car tout comme on doit de temps à autre tirer un enfant par la main pour visiter un musée ou aller se promener, il y a des jours où votre progéniture refusera tout bonnement de s'amuser avec la famille qui vous accueille ou de rester tout seul pendant que vous accomplissez votre part du travail. Si la perspective d'une crise de larme, de cris et d'un gros chantage en public (devant la famille qui vous reçoit) vous rend mal à l'aise, peut-être devriez-vous attendre de les voir grandir pour leur proposer des vacances en wwoofing ? À chaque problème existe pourtant sa solution et il est fort probable que l'hôte qui accepte de vous accueillir avec vos trois enfants sera compréhensif et vous laissera le temps nécessaire pour résoudre des éventuelles situations de conflit dans le calme.

■■■ TRAVAILLER AVEC SES ENFANTS ?

Vous pouvez faire du wwoofing avec des enfants de pratiquement n'importe quel âge. À partir du moment où ils sont assez dégourdis pour être indépendants pendant une petite partie de la journée, vous allez avoir le champ libre pour vaquer à votre travail. Bien entendu, avant d'envisager ce genre de vacances solidaires avec votre famille, assurez-vous que l'hôte qui va vous recevoir accepte bien les enfants !

Dans les annonces, si les enfants en bas âge, les petits enfants et les adolescents en dessous de 16 ans sont acceptés, cela sera clairement stipulé. Très souvent, les hôtes ont eux-mêmes des enfants, et les vôtres deviendront leurs compagnons de jeux. Si une famille, par les activités qu'elle propose, sa situation géographique ou tout autre critère, vous intéresse mais qu'elle n'a pas précisé ses préférences au sujet des enfants, contactez-la pour lui poser la question. Si vous voyagez à deux (un parent, un enfant) ou à trois (un couple et un enfant), il est probable qu'elle acceptera si elle peut vous offrir l'organisation nécessaire. Avec deux enfants, cela risque d'être un peu plus difficile, mais pas inenvisageable !

Vos enfants peuvent devenir les compagnons de jeux de ceux de vos hôtes.
En France, dans le Gard

↔ Entre wwoof...

Au Canada, nous avons partagé un wwoofing avec une famille partie à cinq (deux parents, trois enfants) pendant six mois faire du wwoofing à travers le Québec, en vivant dans une roulotte tirée par des chevaux ! La plus jeune des petites filles avec qui nous vivions (elle avait 9 ans) était ravie de ce voyage et nous rappelait toujours ses bons souvenirs.

Une précision importante : en France, les mineurs n'ont pas le droit de faire du wwoofing depuis avril 2010. Si vous souhaitez emmener votre enfant ou adolescent avec vous, il faut demander la permission à la famille qui vous reçoit et savoir que l'enfant ne pourra pas participer aux tâches.
Les enfants qui font du wwoofing avec les parents sont donc les invités des hôtes. S'ils sont assez grands et s'ils désirent eux aussi faire des activités, vous pouvez imaginer des petits travaux pour les occuper une partie de la journée. En plus des tâches domestiques : aider pour le repas, préparer la table, faire un brin de ménage..., on peut leur proposer de petits travaux pratiques : un tipi dans le jardin avec d'autres enfants ou supervisés par un adulte, une cabane dans un arbre, des activités avec de l'argile comme la réalisation d'un petit four à pizza rigolo, un peu d'aide pour étaler allégrement avec ses petites mains un enduit en terre sur un mur... C'est à vous et votre hôte d'organiser la logistique pour que tout se passe bien, chaque famille représentera une situation différente, mais avec de la bonne humeur tout se passera bien !

Je vous recommande de faire du wwoofing avec vos enfants pendant la période d'été ou du printemps. En effet, à moins de partir dans un pays de l'hémisphère sud, les enfants pourront s'amuser dehors et profiter du jardin, du potager, des jeux d'extérieur plus facilement. Quelle tristesse d'être enfermé sous la pluie pendant que les parents, qui sont les seuls éléments de repère des enfants loin de chez eux et de leurs habitudes, travaillent !

Vous pouvez bien sûr choisir d'emmener vos enfants wwoofer pendant la période des vacances scolaires. Pensez à bien réserver chez vos hôtes plusieurs mois à l'avance car vous n'êtes sûrement pas les seuls dans cette situation. Vous pouvez aussi choisir de les déscolariser ponctuellement, par

Les enfants aiment travailler au jardin et seront sûrement heureux de mettre les mains dans la terre. En Nouvelle-Zélande, à Hamilton

exemple si vous partez pour un grand voyage de plusieurs mois. Mais en France, jusqu'à ce que les enfants aient seize ans révolus, les parents doivent prendre le relais de l'école et organiser des cours par correspondance.

Un mot sur les transports. Les wwoofers qui se déplacent seul, en couple ou entre amis peuvent se débrouiller avec les transports en commun et s'organiser à la dernière minute. Lorsque vous voyagez avec vos enfants, vous allez sûrement devoir préparer un minimum vos déplacements. En fonction de leur âge, vous voudrez probablement leur épargner des heures de bus ou de train (si vous traversez un grand pays), les très longs-courriers... Vous pouvez en revanche vous inspirer du très beau voyage de la famille Baffou : ils ont pédalé et wwoofé aux quatre coins du monde avec leurs deux enfants en bas âge pendant onze mois. Un livre magnifique, ***D'un voyage à d'autres***, raconte leur périple à la rencontre des auto-constructeurs de maisons écologiques (référence en annexe).

■■■ WWOOFER AVEC DES ADOLESCENTS

Si vous décidez de partir wwoofer avec votre ou vos enfants adolescents, vous allez vivre avec eux des moments formidables, réapprendre une proximité que l'on perd dans la vie quotidienne lorsque chacun est bien ancré dans son rôle à la maison.

Tous les adolescents ne seront pas enclins à suivre leurs parents dans cette aventure ! Discutez avec eux des avantages et des inconvénients. S'ils sont anxieux à l'idée de passer trop de temps avec vous ou de ne pas être autonomes, rassurez-les sur le fait qu'ils pourront réaliser seuls de nombreuses tâches, sans forcément être toujours avec vous. Bien sûr, vous partagerez les repas avec eux et vos hôtes et il est probable que vos moments de repos se passeront également ensemble. En revanche ils auront l'opportunité de rencontrer de nouvelles personnes, de découvrir un nouveau coin de la France ou du monde et très probablement de se faire de nouveaux amis.

Dans la mesure du possible, dirigez-vous vers une famille qui a des enfants de leur âge, ou qui accueille d'autres jeunes wwoofers. Il sera plus facile pour eux de prendre leur indépendance, de devenir amis avec les gens qui les entourent et pourquoi pas de partir le week-end avec eux, ou de profiter du réseau d'amis des gens qui vous reçoivent. Dans le wwoofing, l'idée d'autonomie (alimentaire, énergétique, idéaliste) est souvent forte, mais si vous voyagez avec vos ados, veillez à ce que cette autonomie ne devienne pas synonyme d'une autarcie qui pourrait les rendre malheureux et les isoler.

↔ ENTRE WWOOF...

Mon mari et moi-même ne sommes plus des adolescents et pourtant ! Après plusieurs mois juste tous les deux, à partager la vie de familles et donc de personnes souvent plus âgées que nous, avec des préoccupations différentes, nous étions parfois très heureux de wwoofer avec d'autres gens de notre âge pour profiter de moments conviviaux en dehors du travail. Il est important de s'amuser lorsque l'on fait du wwoofing et la sociabilité peut s'exprimer par le partage d'enrichissantes conversations, mais aussi simplement par des loisirs communs, boire un verre, sortir... Il en faut pour tous les âges !

■■■ S'AMÉNAGER DES MOMENTS POUR SOI

« La liberté des uns s'arrête là ou commence celle des autres. »

Que vous soyez avec de jeunes enfants, des adolescents ou même simplement des amis, je vous recommande de vous ménager des moments seul(e) avec vous-même. Quelques minutes par jour, quelques heures par semaine, isolez-vous pour penser à cette expérience que vous partagez tous ensemble. Faire le point lorsque l'on fait du wwoofing est aussi important que dans la vie quotidienne : on peut analyser avec calme et sans précipitation ses choix, se demander quoi faire en cas de problème, de conflit avec un membre de la famil e, réfléchir à des compromis... Ce simple exercice peut être le garant de la réussite de votre voyage. Discutez aussi de cette idée avec vos enfants, demandez-leur de faire le point et de ne pas hésiter à vous communiquer leurs envies : sont-ils heureux dans cette expérience, passent-ils de bonnes vacances ?

Les parents ont besoin d'intimité, les adultes ont besoin de temps libre indépendamment les uns des autres et les enfants ont parfois besoin d'apprendre à ne rien faire. On s'ennu e rarement en wwoofing, mais il est bénéfique de s'aérer l'esprit, de regarder autour de soi et de profiter de ce moment au cœur de la nature. Les hôtes aussi auront besoin de temps pour eux. Posez-leur la question, et pensez à ménager des moments où votre famille partira en balade visiter les alentours par exemple, pour les aider à retrouver de temps en temps l'intimité de leur maison.

Prenez le large, aménagez-vous des moments seuls pour garder votre intimité et respecter celle de vos hôtes.

Ce que le wwoofing n'est pas

Nous venons de le voir tout au long de ce guide, le wwoofing peut prendre plusieurs aspects en fonction des destinations, des familles qui accueillent, des wwoofers qui travaillent, bref des gens ! C'est un concept « organique », basé sur les relations humaines, et celles-ci sont imprévisibles, spontanées... c'est ce qui fait le piquant et la qualité parfois exceptionnelle de ce concept, n'est-ce pas ?

Prenons un moment pour détailler ce que le wwoofing n'est pas. Ainsi, ne soyons pas déçus de ne pas trouver ce qui ne doit pas être attendu, que ce soit du point de vue de l'hôte ou du wwoofer.

Le wwoofing n'est pas une forme de vacances gratuites. Lorsque l'on parle de nourriture et de logement gratuit en échange d'un peu de travail, il arrive que les regards s'illuminent devant cette bonne idée. Le travail à fournir est toujours conséquent, plus ou moins certes, mais ne nous attendons pas à passer moins de quatre heures par jour au labeur. Les moments les plus appropriés pour faire du tourisme lorsque l'on wwoofe sont les week-ends, car bien souvent, même s'ils bénéficient d'une demi-journée libre, les wwoofers sont trop fatigués pour partir à l'aventure. Par ailleurs, ils ont l'obligation (par politesse) d'aider leurs hôtes dans les tâches domestiques et quotidiennes. Les repas, le ménage, la vaisselle, le rangement se font en commun : on ne peut pas se contenter de mettre les pieds sous la table et d'attendre d'être servi !

Le wwoofing n'est pas du volontariat international. Le volontariat international est un programme organisé par l'Union européenne. C'est un statut précis, qui s'obtient dans des conditions précises également. Les volontaires doivent être de nationalité européenne et les entreprises, ONG ou administrations qui les reçoivent le font dans le cadre de missions à durée déterminée. Les volontaires sont de jeunes diplômés ou des demandeurs d'emploi de 18 à 26 ans. C'est un tremplin pour un premier emploi qui peut déboucher sur une embauche, suite à la période de mission. À la différence du wwoofing, le volontariat international a donc un cadre juridique, une reconnaissance officielle auprès des entreprises et de l'État (vous cotisez pour la retraite par exemple). À l'heure actuelle, le wwoofers ne bénéficient malheureusement pas de toutes ces reconnaissances, même si le travail réalisé est parfois très difficile et nécessite de grands savoir-faire. Si vous partez faire du wwoofing, vous êtes considéré comme en « vacances » par la France et le seul moyen de faire valoir votre expérience sera de la vendre positivement à votre retour. Ne vous découragez pas, ce n'est pas pour autant qu'elle ne sera pas enrichissante et d'ici quelques années ce statut sera peut-être amené à changer...

Le wwoofing demande de l'énergie et de la bonne humeur. Les tâches ménagères sont une part importante de la vie quotidienne, surtout dans les grandes familles.
Au Japon, chez Masa-San

Le wwoofing n'est pas du bénévolat ou de la charité internationale. Le bénévolat est organisé par des associations ou des ONG qui bien souvent proposent des formations obligatoires à leurs bénévoles, avant de les envoyer dans des pays (généralement auprès de populations défavorisées) pour faire des missions ponctuelles et précises. Vous pourriez par exemple partir au Mali pour construire des écoles, à Madagascar pour planter de la mangrove, au Cambodge pour installer des éoliennes dans des villages, à Haïti pour installer des toilettes sèches... Les bénévoles sont encadrés par l'association qui les envoie sur le terrain et qui est susceptible de leur demander des frais pour le billet d'avion et les dépenses de vie sur place.

Le wwoofing, contrairement au bénévolat, n'est pas encadré. C'est à vous d'organiser votre voyage, vos déplacements, votre budget, vos rendez-vous avec les hôtes, vos périodes d'inactivité. Vous avez le choix du type de pays dans lequel vous rendre (un pays défavorisé ou au contraire riche) et du type de travail à réaliser. Vous n'aurez pas à payer de frais de dossier ou d'organisation et, même si les familles qui vous reçoivent vous logent et vous nourrissent, il est fort probable qu'elles demandent votre aide car elles n'ont pas les moyens de faire autrement. Des familles très pauvres, dans le besoin et très courageuses reçoivent des wwoofers, c'est une activité empreinte de solidarité et qui vous donnera à coup sûr le sentiment d'être utile et d'aider des personnes dans le besoin.

Les wwoofers ne sont pas de la main-d'œuvre gratuite. Bien sûr, les hôtes peuvent avoir envie de se tourner vers le wwoofing parce qu'ils n'ont pas les moyens d'embaucher du personnel. Mais s'il peut arriver que les wwoofers donnent un coup de main sur un stand de marché, dans une entreprise ponctuellement, pour les vendanges ou toute autre tâche qui requiert habituellement des travailleurs rémunérés, cela ne doit être qu'exceptionnel. Les wwoofers ne sont pas là seulement pour aider mais pour apprendre quelque chose. En aucun cas ils ne peuvent remplacer du personnel, qualifié ou non, et se substituer à un poste rémunéré.

Il n'est malheureusement pas rare cependant que cette situation se produise. Si le wwoofer estime que le travail n'est pas enrichissant, qu'il n'apporte pas d'aide aux besoins « primaires » et personnels de la famille qui le reçoit, il doit tenter d'en discuter et partir si la situation ne s'améliore pas. En revanche, si le wwoofer estime qu'il est dans un poste très difficile mais qu'il y apprend de nombreuses choses et que sa relation avec son hôte est harmonieuse, il n'y a pas de raison de partir. Pour résumer ce

Les wwoofers ne sont pas des professionnels. Ils apprennent parfois leurs tâches sur le tas et même les plus expérimentés peuvent faire des erreurs. Jardinage au Canada

propos, personne ne doit être exploité et il faut faire la différence entre un travail pénible mais juste et un travail inapproprié.

Les wwoofers ne sont pas des professionnels. Peut-être allez-vous accueillir de jeunes charpentiers, des jardiniers expérimentés, des plombiers talentueux... Malgré cela il ne faut pas oublier que beaucoup de wwoofers sont chez vous pour apprendre quelque chose et non pas pour faire valoir leur expérience. Le wwoofing est peut-être un des seuls moments de la vie où les travailleurs n'ont pas à se vendre, séduire, prouver. Prenons-les comme ils sont, avec leurs compétences (s'ils peuvent et veulent les mettre au service de leur travail) ou comme des novices. Car un charpentier pourra vous aider pour penser la courbe de votre toit, mais ne vous attendez pas à ce qu'il dirige tout un chantier, s'engage, vous donne des garanties et des délais comme un professionnel employé et payé. Pour les métiers dangereux ou très physiques, les entreprises ont des assurances spéciales et professionnelles. En l'absence de telles assurances à votre domicile, il serait dangereux de demander des travaux périlleux à vos wwoofers.

Le wwoofing prend sa source dans la richesse des relations entre les individus.
Journée de jardinage à Hamilton, en Nouvelle-Zélande

CONCLUSION

Que vous l'ayez déjà expérimenté ou non, le wwoofing n'a pas fini de vous surprendre ! Un mot original pour un concept hors du commun qui séduit de plus en plus de jeunes, de plus âgés, de familles, de couples, de personnes en mal de nature et à la recherche d'elles-mêmes ou de changement.

J'espère que ce livre vous aidera à trouver des ou les raisons de wwoofer, de partir sur les routes et dans les champs, de faire la (r)évolution des vacances ! Tout au long de ces chapitres, j'ai souhaité vous montrer (grâce au récit de ma petite mais enrichissante expérience personnelle) que tout est possible. Les voyagistes veulent vous vendre des concepts clés en main de vacances, où les uns s'ennuient, les autres sont malades en voiture... Certains ne s'y retrouvent pas et d'autres encore se ruinent pour deux semaines de bonheur. Il existe toujours une solution qui vous conviendra en wwoofing : une famille juste comme vous qui vous tendra les bras, d'autres wwoofers avec qui partager vos aventures, des hôtes avec qui parler toute la nuit et vous passionner pour le travail de la journée.

La richesse du wwoofing ne vient ni des destinations, ni des maisons, ni du travail, ni d'une quelconque raison financière ou matérielle : elle vient des individus qui composent ce concept. Elle viendra de vous, qui, grâce à ce livre, allez peut-être ouvrir votre porte à l'inconnu qui vous attend, elle viendra de votre bonne humeur à transmettre aux familles qui sont impatientes de vous rencontrer. Le wwoofer n'est pas un touriste, ni un voyageur, ni un vacancier, ni un numéro de ticket, c'est un être humain qui échange avec d'autres êtres humains et c'est parce que notre société nous empêche parfois de nous traiter de la sorte que le wwoofing est une bouffée d'oxygène.

N'ayez plus peur des inconnus, allez chez eux, invitez-les chez vous et réapprenez que les humains ne sont pas tous aussi bizarres que ceux que l'on voit parfois à la télévision ou dans les mauvais journaux. Ils sont comme vous et moi (avec des exceptions, mais personne n'est parfait) et sont impatients de vous rencontrer. Alors, qu'attendez-vous ? Prenez votre sac, partons à l'aventure et allons wwoofer !

Rendez-vous sur le site Internet du livre pour échanger vos bonnes idées, vos conseils, parlez avec d'autres wwoofers et des hôtes.

Ressources et annexes

Comment lire les QR codes de l'ouvrage ?

Les QR codes sont des codes en deux dimensions qui recèlent des informations. Dans le cadre de ce livre, ces codes vous donnent accès à des photos ponctuant le propos, vous renvoient à des sites Internet ou sur la page d'un article en particulier.

Pour les lire, c'est très simple. Vous devez posséder un smartphone compatible (il en existe de plus en plus, HTC, Nokia, iPhone, Blackberry, Samsung, LG, Sagem, Ericsson...) et télécharger gratuitement un logiciel vous permettant de les décrypter. Vous aurez également besoin d'une connexion wifi ou Internet sur votre mobile. Si la démarche est un peu fastidieuse la première fois, vous verrez que vous utiliserez souvent votre lecteur dans les mois et années qui viennent, car c'est une technologie qui se développe très rapidement (billets de train, affiches publicitaires, produits, cartes de visite...).

Voici plusieurs adresses de sites Internet vous proposant le téléchargement de lecteurs pour votre téléphone mobile compatible. Néanmoins, si vous possédez un iPhone, Blackberry ou autre Smartphone moderne, il est possible qu'un logiciel soit directement embarqué sur votre appareil ou qu'il soit très facilement téléchargeable à partir du téléphone (par exemple dans iTunes si vous avez un iPhone).

My éléphant : **http://myelefant.com/**
Mobil Tag : **http://www.mobiletag.com/**
Quick Mark : **http://www.quickmark.cn/**
QR mobile, une liste de plusieurs logiciels : **http://www.qrmobile.fr/**

GLOSSAIRE

Retrouvez le lexique sur le site Internet du livre, cela facilitera la visite des liens.

http://bit.ly/16KDO0v

AGRICULTURE BIO-DYNAMIQUE

Définition de Rudolf Steiner : « L'agriculture bio-dynamique est une agriculture assurant la santé du sol et des plantes pour procurer une alimentation saine aux animaux et aux Hommes. Elle se base sur une profonde compréhension des lois du vivant acquise par une vision qualitative / globale de la nature. Elle considère que la nature est actuellement tellement dégradée qu'elle n'est plus capable de se guérir elle-même et qu'il est nécessaire de redonner au sol sa vitalité féconde indispensable à la santé des plantes, des animaux et des hommes grâce à des procédés thérapeutiques. »

Pour aller plus loin, le site de la maison de l'agriculture biodynamique : http://www.bio-dynamie.org/

AUBERGE DE JEUNESSE

Les auberges de jeunesse ont vocation à favoriser la découverte du monde et les échanges interculturels, notamment entre jeunes. Ce sont des hébergements temporaires qui mettent à disposition de deux à huit places selon les auberges, souvent un lit en chambre collective, mais aussi des chambres individuelles et doubles, équipées de sanitaires collectifs ou privés. Des espaces conviviaux sont prévus pour favoriser la rencontre entre voyageurs : la cuisine où les repas sont préparés par les voyageurs eux-mêmes, les salles communes avec jeux, bibliothèques, permettant aux aubergistes d'échanger leurs bons plans et de préparer la suite de leur voyage.

Pour aller plus loin, rendez-vous sur le site international des auberges de jeunesse : http://www.hihostels.com/

BATEAU-STOP

Le bateau-stop est un moyen (très aléatoire) d'effectuer une traversée nautique à bord d'un voilier ou d'un cargo, sans payer de ticket mais en devenant équipier provisoire. Ce type d'exercice demande un minimum de pied marin (pour ne pas être malade à bord) ainsi que du courage et de l'énergie. Peu de voiliers prennent des équipiers non navigateurs, mais si vous avez de la chance, vous trouverez peut-être une famille ou un équipage en convoyage heureux de partager leurs quartiers avec vous, en échange d'un (gros) coup de main aux tâches ménagères et de manœuvre. On vous demandera souvent de partager les frais de nourriture à bord et personne ne pourra vous garantir quand vous arriverez à bon port. En effet, les conditions métrologiques peuvent être défavorables et vous obliger à naviguer plus lentement que prévu. Le bateau-stop est une belle aventure, pour les voyageurs curieux et sans impératifs ! Pour trouver un bateau, rendez-vous sur les ports de pêche ou de plaisance, une carte marine à la main, votre baluchon prêt et un grand sourire aux lèvres. Vous pouvez aussi consulter les petites annonces, mais faites très attentions aux traversées réputées pour être sur la route des dealers en tout genre. Les offres trop alléchantes où l'on vous propose même de l'argent sont souvent louches (nous en avons vu quelques-unes en Nouvelle-Zélande).

Pour plus de renseignements et de bons conseils :
http://www.voilesetvoiliers.com/items/remote_print/1216

CHARBON VÉGÉTAL ACTIVÉ

Le charbon végétal est traditionnellement utilisé pour le bien-être du système digestif. Il reste dans le tube digestif où il est parfaitement toléré, il a la capacité d'absorber, c'est-à-dire de fixer sur sa surface diverses substances telles que les bactéries, les toxines et les gaz. Il est très utilisé en prévention de troubles gastriques, contre les diarrhées, constipations et autres désordres intestinaux. Il se conserve bien et se présente sous la forme de gélules, comprimés ou poudres. Ce n'est pas un médicament, mais un complément alimentaire qui a peu de contre-indications mis à part qu'il annihile l'action des médicaments : il faut donc le prendre plusieurs heures après toute prise médicamenteuse.

Plus d'informations sur les compléments alimentaires naturels
sur cette page : http://bit.ly/a854W0

■■■ CENTRALES HYDRO-ÉLECTRIQUES

Une centrale hydro-électrique transforme l'énergie sauvage d'une chute d'eau en énergie mécanique grâce à une turbine, puis en énergie électrique grâce à un générateur.

Pour un complément d'informations : http://bit.ly/gaqpGb

■■■ COMMERCE ÉQUITABLE

Le commerce équitable consiste à travailler en priorité avec des groupes de petits producteurs défavorisés dans les pays du Sud, à construire avec eux des relations commerciales justes et solidaires. Cet accompagnement a deux objectifs principaux : garantir des conditions de travail et de rémunération décentes pour les travailleurs et favoriser le développement des centres de production de manière autonome et durable. Quant aux consommateurs, le commerce équitable leur donne l'opportunité d'effectuer des achats de qualité, fondés, et de choisir un mode de consommation en phase avec leurs valeurs.

Plus d'informations sur le site d'Alter Eco : http://www.altereco.com/

■■■ COMPOST ET LOMBRI-COMPOSTEURS

Le compost est un bac dans lequel s'accumulent les déchets organiques, intercalés ou non avec des couches de matériaux pour accélérer la décomposition des matières. Il existe plusieurs formes, utilisations ou styles de compost. Certains montent à des températures très élevées et agissent en un temps record. Les lombri-composteurs sont de grands bacs remplis de lombrics et autres insectes et bactéries favorisant la décomposition. Le compost est utilisable au bout de quelques mois ou quelques années pour la fertilisation des plantes en pot ou du jardin. La matière obtenue est d'excellente qualité et très écologique puisqu'elle est issue du recyclage de déchets.

Pour plus d'information sur le compost, consulter cette adresse : http://bit.ly/gPmAtY
Pour des informations sur le lombricompostage spécifiquement : http://bit.ly/gSznqd

■■■ CONSTRUCTION EN BOTTES DE PAILLES

La construction de maisons en bottes de paille est facile, économique et écologique. Le plus souvent, les maisons se composent d'une ossature en bois, dans laquelle on insère les ballots de paille fortement compressés pour dresser les murs. On recouvre ensuite les ballots de plusieurs couches d'enduits, puis d'un enduit de finition ou d'une peinture. Contrairement à ce que l'on pourrait penser, la paille est naturellement ignifugée par la compression, qui ne laisse que très peu d'air.

La construction en paille est en plein essor :
pour en savoir plus, rendez-vous sur le site des « Compaillons »,
http://www.compaillons.eu/

■■■ CONSTRUCTION EN SACS DE TERRE OU DE SABLE

La construction en sacs de terre s'est d'abord avérée très utile pendant… les guerres ! Des remparts de sacs ainsi remplis servaient à protéger les tireurs. Par la suite, la technique s'est développée pour construire rapidement et de manière qualitative des maisons dans les pays défavorisés d'Afrique. De nos jours, de nouveaux constructeurs optent pour cette technique. Adaptée à nos latitudes grâce à l'ajout de fibres dans la terre (pour favoriser l'isolation), elle permet l'édification de superbes maisons très élaborées. Avec un enduit de recouvrement, qui pourrait faire la différence ?

Pour aller plus loin, des liens, des images et des exemples :
http://bit.ly/hkgqlh

■■■ COUCH SURFING

Le « *Couch Surfing* » est une méthode de voyage qui pourrait s'apparenter au wwoofing à deux exceptions près : on ne travaille pas et on ne peut pas rester plus de quelques nuit chez les gens. Le couch surfing (« surfer sur les canapés ») se pratique plutôt en ville. Il suffit de s'inscrire sur le site officiel, d'enregistrer son profil détaillé (important pour inspirer confiance et être reçu) et de faire une recherche de personnes prêtes à vous recevoir sur leur canapé (ou dans leur chambre d'ami), le temps d'une nuit, maximum trois. En général, la nourriture est à la charge des couch surfers. Les citadins sympas vous offriront un repas en échange d'une bouteille de vin ou d'un petit cadeau de bienvenue. Le petit déjeuner peut éventuellement être inclus. L'intérêt du couch surfing, outre qu'il économise une nuit d'hôtel, est de permettre à des personnes de vivre dans une ville comme si elles rendaient visite à un ami. En effet, les couch surfers sont souvent invités à partager une soirée, boire un verre et pourquoi pas faire une petite visite des alentours le week-end. Un moyen très convivial de voyager, mais aussi d'animer son quotidien quand on a un canapé confortable ou une chambre en trop. Ceux qui reçoivent le font souvent par gentillesse, curiosité, ennui ou juste bonne humeur ! Le contrat tacite est que les couch surfers doivent s'engager à inviter à leur tour des gens chez eux lorsqu'ils ont un logement à partager.

Pour plus d'informations et adhérer au concept, rendez-vous sur le site officiel : http://www.couchsurfing.org/

■■■ COVOITURAGE

Le covoiturage est l'action de partager le véhicule de quelqu'un qui se rend dans la même direction que vous. C'est une méthode de voyage économique et écologique qui se démocratise un peu partout et dans des contextes différents. Par exemple, les entreprises organisent des covoiturages pour leurs employés. En France, il existe plusieurs sites Internet où déposer des annonces pour chercher un trajet (régulier ou non) de covoiturage. Au Canada et aux États-Unis, le plus populaire est :

Craigs List (qui propose aussi toutes sortes de petites annonces).

■■■ CRUDIVORISME

Régime alimentaire qui consiste à n'ingérer que des aliments crus. Certaines exceptions sont faites pour le pain et la viande dans le cas où les personnes pratiquant ce régime ne sont pas végétariennes. Chez les semi-crudivores, des céréales et des légumineuses sont consommées mais cuites à la vapeur où à très faible température (pour ne pas altérer leurs propriétés nutritives et gustatives).

■■■ DURABLE

Mot très galvaudé depuis que la tendance écologique est devenue une mode. Les produits, activités ou actions que l'on considère comme durables sont ceux qui répondent aux besoins du présent, sans compromettre la capacité des générations futures à répondre aux leurs.

■■■ ÉCO CONSTRUCTION

L'éco-construction est l'acte de construire ou de rénover un habitat en utilisant des matériaux durables, respectueux de l'environnement et non nocifs pour la santé des habitants. Il existe de nombreux moyens, techniques et matériaux pour éco-construire sa maison : le bois, la terre, la paille, le chanvre... Les maisons éco-construites tendent vers l'autonomie ou la faible consommation énergétique, grâce à une isolation performante et une construction réfléchie selon les principes du bon sens et de la bioclimatie. Consultez la bibliographie pour en savoir plus.

▪▪▪ ÉCO-VILLAGE

Un éco-village est un lieu où des personnes ont choisi de se réunir pour vivre selon des principes écologiques. En Allemagne, par exemple, il y a de nombreux éco-villages et éco-quartiers où les habitants sont invités à partager leur voiture ou à réduire son utilisation, à se déplacer en transports en commun, à acheter conjointement du matériel, des outils, à faire des commandes de nourriture groupées auprès d'agriculteurs locaux. Dans un éco-village, l'entraide peut être forte si toutes les personnes présentes sont conscientes et volontaires pour vivre d'une manière alternative. Certains repas sont pris en commun, une monnaie commune et fictive est parfois adoptée pour faciliter les échanges et le troc.

Pour en savoir plus, je vous recommande la lecture de l'ouvrage *Manuel de transition* de l'Anglais Rob Hopkins.

▪▪▪ ÉNERGIES RENOUVELABLES

Une énergie renouvelable est une source d'énergie se renouvelant assez rapidement pour être considérée comme inépuisable à l'échelle de temps humaine. L'énergie solaire (panneaux solaires thermiques et photovoltaïques, fours solaires), l'énergie éolienne (éoliennes de pompage ou de création d'électricité), l'énergie hydraulique (moulins, petites ou grandes centrales hydro-électriques, centrales maré-motrices), la biomasse (méthanisation) sont des formes d'énergies renouvelables.

▪▪▪ FERME BIOLOGIQUE

Une ferme biologique est un endroit où les éleveurs et agriculteurs ont choisi d'exercer leur activité d'une manière naturelle et respectueuse de l'environnement et des animaux. Par exemple, en cultivant les fruits et légumes sans utilisation de produits chimiques et pesticides, en limitant l'utilisation de gros outillages gourmands en pétrole, en donnant aux animaux des grains issus de l'agriculture biologique et non des farines animales d'origine douteuse, en leur permettant de se déplacer librement sans les contraindre dans un élevage en batterie ou en étable...

FOUR SOLAIRE

Un four solaire est une boîte, peinte d'une couleur sombre, recouverte de miroirs à l'intérieur et pourvue d'une surface vitrée exposée au soleil. Les aliments sont enfermés dans la boîte et le soleil en la chauffant permet la cuisson à plus ou moins haute température. Les fours solaires paraboliques (ou cuiseurs solaires) sont un enchevêtrement de miroirs en forme de parabole, pourvu d'une barre de métal au milieu pour déposer un plat. Les rayons du soleil se concentrent en un point chaud au centre, la température pouvant monter à plus de 100° C. Les cuiseurs solaires sont utilisés dans certains pays d'Afrique pour limiter la consommation de bois et de charbon. En France, quelques associations permettent d'apprendre à en construire soi-même, on peut également en commander sur Internet.

LOCAVORES

Le locavorisme est un courant né aux États-Unis qui s'exporte depuis plusieurs années. Les locavores ont fait le choix de ne pas consommer d'aliments, ou peu, produits à plus d'une centaine (ou moins) de kilomètres de chez eux. Certaines exceptions sont faites pour le café, le thé, le chocolat... C'est le régime « Marco Polo ».

Pour en savoir plus, je vous recommande la lecture de l'ouvrage *Le Guide du locavore* **pour mieux consommer local d'Anne-Sophie Novel.**

PERMACULTURE

C'est un outil d'aménagement attentif et de maintenance de systèmes de pratiques s'appuyant sur l'observation de la nature pour concevoir des écosystèmes durables et diversifiés. C'est également une philosophie d'organisation de l'espace et des paysages : elle encourage l'intégration harmonieuse et socialement responsable des hommes dans un environnement, leur donnant ainsi accès à des ressources naturelles, de la nourriture et d'autres besoins matériels et non matériels.

Pour en savoir plus, un article intéressant et complet: http://bit.ly/h6X06y

POMPE À CHALEUR

Une pompe à chaleur (PAC) est un dispositif thermodynamique permettant de transférer la chaleur du milieu le plus froid (et donc de le refroidir encore) vers le milieu le plus chaud (et donc de le chauffer), alors que, naturellement, la chaleur se diffuse du plus chaud vers le plus froid jusqu'à égalité des températures. On parle de cycle frigorifique pour désigner ce cycle thermodynamique. **Pour en savoir plus : http://bit.ly/gfnYwE**

■■■ PRODUITS ÉCOLOGIQUES DE NETTOYAGE

Les produits écologiques de nettoyage vendus dans le commerce sont souvent labellisés et vous assurent donc une relative «propreté» de leurs composants chimiques. Néanmoins, il en existe de bien moins chers et de plus efficaces pour nettoyer votre maison du sol au plafond : le citron, le bicarbonate de sodium, le savon noir, le vinaigre blanc, les huiles essentielles et le sel par exemple. Avec ces quelques produits, utilisés au bon endroit et de la bonne manière, aucune tache, graisse, salissure ne résiste.

Pour en savoir plus, consultez le formidable site Internet «Raffa, le grand ménage» et n'hésitez pas à vous procurer le petit guide des *recettes écologiques pour l'entretien de la maison* : http://bit.ly/dEcBDR

■■■ SIMPLICITÉ VOLONTAIRE

La simplicité volontaire (ou sobriété heureuse) est un mode de vie consistant à réduire volontairement sa consommation par la maîtrise des besoins. On parle aussi parfois de frugalité. L'objectif est de mener une vie davantage centrée sur des valeurs «essentielles».

Pour en savoir plus, un très bel ouvrage : *L'Art du désencombrement, se libérer de l'inutile pour vivre plus léger,* d'Alice Le Guiffant et Laurence Paré

■■■ SITE INTERNET DE NOTRE VOYAGE

Ce voyage dont nous avons tant parlé, celui qui illustre toutes les petites parties «entre wwoof» de ce livre.

Voici l'adresse où le consulter : http://www.nature-construction.com

■■■ SMARTPHONE

Un smartphone est un téléphone portable nouvelle génération, capable de se connecter à Internet, de prendre des photos, de télécharger des applications. C'est le type de téléphone nécessaire à la lecture des QR Codes de cet ouvrage.

■■■ TOILETTES SÈCHES OU À COMPOST

Une toilette sèche ou encore litière bio-maîtrisée ou encore toilette à compost est un système de toilette sans eau. Grâce à l'ajout de matières organiques (paille, chanvre, sciure de bois), les matière fécales et l'urine se décomposent et se transforment en compost au bout de quelques mois.

Contrairement aux toilettes de jardin ancienne génération, les toilettes sèches bien fabriquées ne dégagent aucune odeur, car l'amalgame des matières organiques et des résiduels crée un mélange carbone/azote qui annihile les mauvaises odeurs. Il faut souvent les avoir utilisées pour être convaincu, et les personnes sceptiques sont celles qui en ont connu de mauvaises expériences dans des campings ou lors de grandes fêtes où les toilettes sèches ne sont pas adaptées du fait du trop grand nombre d'utilisateurs.

Pour en savoir plus : http://www.toiletteacompost.org/

VÉGÉTALIENS

Les végétaliens sont des personnes qui, par conviction, choisissent de ne pas manger ni porter des produits issus de l'exploitation animale. Ils ne consomment pas de viande, de poisson, d'œufs, de lait, de miel, de crème, de fromage. Ils ne portent pas de laine, de cuir, n'utilisent pas de graisses animales ni de cosmétiques testés sur animaux ou contenant des produits animaux. Si, à première vue, ce régime peut sembler contraignant, il a pourtant l'avantage d'ouvrir à de nouvelles formes d'alimentation à base de céréales, légumineuses, laits végétaux, algues et substituts de viandes comme le tofu et le seitan. Bien qu'il ne soit pas conseillé pour les enfants en raison de leurs besoins élevés en nutriments disponibles dans une alimentation diversifiée, il n'entraîne que peu de carences chez les adultes qui prennent soin de leur alimentation.

YOURTE

Une yourte est un habitat rond traditionnel mongol. Dans ce pays froid et aride, les Mongols nomades des plaines construisent une armature en bois ronde, sur laquelle ils tendent des peaux tannées et de grosses toiles en feutre en guise de murs. La yourte traditionnelle n'a pas de fenêtres, seulement une porte en bois et une ouverture sur le chapeau central pour laisser passer le conduit du poêle, élément indispensable et seule source de chaleur. Les yourtes les plus grandes peuvent faire presque 40 m^2 et servent d'habitat à des familles entières. Elles sont très délicatement décorées de dessins, gravures de bois, paravents et autres tapis de sol en mouton, en laine, en toile, réalisés par les femmes mongoles. En Europe, les yourtes sont adoptées par des familles qui s'en servent d'habitat temporaire ou même définitif. Elles sont adaptées à nos climats grâce à des toiles imperméabilisées et plus modernes. Elles sont parfois pourvues de fenêtres et protégées d'un parquet en bois posé sur une estrade. Elles ont perdu leur qualité nomade mais s'intègrent toujours aussi harmonieusement aux paysages. Quelques gîtes en France proposent des nuits en yourte pour les curieux.

Pour en savoir plus, je vous recommande un très beau livre illustré, *Yourtes et tipis*, d'Isabelle Bruno.

CALCUL DES ÉMISSIONS DE CO^2 DU VOYAGE

POUR CALCULER LES ÉMISSIONS DE CO_2 DE VOTRE VOYAGE, PLUSIEURS OUTILS EXISTENT SUR INTERNET.

L'association *Planète Urgence* met à disposition un calculateur général (maison, déplacements, loisirs) et vous propose ensuite de compenser vos émissions : http://www.planete-urgence.org/vous/calcul-CO2.php
Le site *Climat Mundi* vous propose également un calculateur et des conseils sur la compensation : http://www.climatmundi.fr/

EN CE QUI CONCERNE LA COMPENSATION :

Vous pouvez choisir de donner de l'argent à une association qui va compenser vos émissions par la plantation d'arbres, ou la mise en place d'autres projets. Planète Urgence est une association de qualité et honnête, mais toutes ne le sont pas. Soyez donc vigilant quant à l'utilisation des fonds collectés.

Une alternative existe, c'est celle que j'ai choisie lors de mon voyage. Grâce aux calculateurs, j'ai mis une somme en face de nos émissions liées à nos déplacements (calculés avec la fonction « itinéraire » de GoogleMap). J'ai ensuite investi cette somme dans une entreprise de microcrédit. Cette petite somme a donc contribué à aider un entrepreneur pauvre d'un pays défavorisé à lancer un commerce et atteindre une relative autonomie financière. L'argent est ensuite remboursé et on peut le réinvestir sur un autre projet d'un autre entrepreneur pauvre, autant de fois qu'on le souhaite.

L'entreprise *Babyloan* est celle que nous avons choisie pour le microcrédit : elle est dynamique, compétente et organise un très bon suivi des projets financés. C'est une manière alternative de rendre son argent utile à ceux qui en ont le plus besoin. Le site de *Babyloan* pour en savoir plus sur le micro-crédit : http://www.babyloan.org/

www.babyloan.org/fr/

Visitez le site Internet de Babyloan

LES WWOOF RÉPERTORIÉS

Liste des sites wwoof de tous les pays

http://bit.ly/16404By

À noter ! Un nouveau site, lancé le 1er mai 2013 : la Fédération des Organisations de Wwoofing dans le monde (FOWO). On y trouve des nouvelles de toutes les organisations wwoof dans le monde, ainsi que des liens et informations utiles sur ce mode de voyage : www.wwoof.net.

EUROPE ET MOYEN-ORIENT

- WWOOF Autriche
  Web: www.wwoof.at
- WWOOF Allemagne
  Web : www.wwoof.de
- WWOOF Autriche
  Web : www.wwoof.at
- WWOOF Belgique
  Web : www.wwoof.be

- WWOOF Bulgarie
  Web : www.wwoofbulgaria.org

- WWOOF Danemark
  Web : www.wwoof.dk

- WWOOF Estonie (inscription gratuite)
  Web : www.wwoof.ee

- WWOOF Espagne
  Web : www.wwoof.es ou bien ruralvolunteers.org/WHOSTS

- WWOOF France
  Web : www.wwoof.fr

- WWOOF Grande-Bretagne
  (Angleterre, Écosse, Pays de Galles et Irlande du Nord)
  Web : www.wwoof.org.uk

- WWOOF Grande-Bretagne INDÉPENDANT
  Web : www.wwoof.org/wwind/

- WWOOF Grèce
  Web : wwoofgreece.org

- WWOOF Hongrie (inscription gratuite)
  Web : www.wwoof.hu

- WWOOF Irlande (du Nord et du Sud)
  Web : www.wwoof.ie

- WWOOF Israël
  Web : www.wwoof.org.il

- WWOOF Italie
  Web : www.wwoof.it

- WWOOF Lituanie (inscription gratuite)
  Web : www.wwoof.lt

- WWOOF Macédoine
  Web : www.wwoofmacedonia.org

- WWOOF Moldavie
  Web : www.wwoofmoldova.org

- WWOOF Norvège
  Web : www.wwoofnorway.org

- WWOOF Pologne (inscription gratuite)
  Web : wwoofpoland.wall.fm

- WWOOF Portugal
  Web : www.wwoof.pt

- WWOOF Roumanie
  Web : www.wwoof.ro

- WWOOD Serbie
  Web : www.wwoofserbia.org

- WWOOF Slovénie
  Web : www.wwoof-slovenia.info

- WWOOF Suède
  Web : www.wwoof.se

- WWOOF Suisse
  Web : zapfig.com/wwoof

- WWOOF République tchèque
  Web : www.wwoof.cz

- WWOOF Turquie
  Web : www.bugday.org/tatuta/?lang=EN

AMÉRIQUE DU NORD ET AMÉRIQUE DU SUD

- WWOOF Argentine
  Web : www.wwoofargentina.com

- WWOOF Belize, Équateur, Guatemala, Colombie, Vénézuela
  Web : www.wwooflatinamerica.com

- WWOOF Brésil
  Web : www.wwoofbrazil.com

- WWOOF Canada
  Web : www.wwoof.ca

- WWOOF Chili
  Web : www.wwoofchile.cl

- WWOOF Costa Rica
  Web : www.wwoofcostarica.org

- WWOOF Mexique
  Web : www.wwoofmexico.com

- WWOOF États-Unis
  Web : www.wwoofusa.org

- WWOOF Hawaii
  Web : www.wwoofhawaii.org

- WWOOF Pérou
  Web : www.wwoof-peru.com

AFRIQUE

- WWOOF Indépendants d'Afrique
  Web : www.wwoofafrica.org

- WWOOF Afrique du Sud
  Web : www.wwoofsa.co.za

- WWOOF Cameroun
  Pas de site internet pour le moment
  Email: wwoofcameroon.org@gmail.com
  Tel: +237 79206331

- WWOOF Ghana
  Pas de site Internet pour le moment
  Email: kingzeeh@yahoo.co.uk
  Tel: +233-244-773971
  Kenneth Nortey-Mensah, PO Box 154, Trade Fair Centre, Accra, Ghana.

- WWOOF Kenya
  Web : www.wwoofkenya.com

- WWOOF Nigeria
  Web : wwoofnigeria.com

- WWOOF Sierra Leone
  Web : www.wwoofsl.org

- WWOOF Togo
  Web : www.wwooftogo.org

- WWOOF Uganda
  Pas de site Internet pour le moment
  Email : bob_kasule@yahoo.com
  Contact : Bob Kasule
  Adresse : PO Box 2001, Kampala, Uganda, East Africa

ASIE ET PACIFIQUE

- WWOOF Australie
  Web : www.wwoof.com.au

- WWOOF Bangladesh
  Web : www.wwoofbangladesh.org

- WWOOF Chine
  Web : www.wwoofchina.org

- WWOOF Inde
  Web : www.wwoofindia.org

- WWOOF Japon
  Web : www.wwoofjapan.com
- WWOOF Kazakhstan
  Web : kazakhstanwwoof.narod.ru
- WWOOF Corée
  Web : www.wwoofkorea.co.kr
- WWOOF Népal
  Web : www.wwoofnepal.org
- WWOOF Nouvelle-Zélande
  Web : www.wwoof.co.nz
- WWOOF Philippines
  Web : www.wwoof.ph
- WWOOF Taiwan
  Web : www.wwooftaiwan.com
- WWOOF Thailande
  Web : www.wwoofthailand.com

Bibliographie écologique

Vous trouverez ici quelques références d'ouvrages vous familiarisant avec la construction écologique, le retour à une vie simple, au partage et à toutes les notions citées dans ce livre.

http://bit.ly/1cHtwm5

Retrouvez la bibliographie avec les liens vers les livres, sur le site Internet du livre.

LA MAISON ÉCOLOGIQUE

La Conception bioclimatique, de Jean-Pierre Oliva,
aux éditions Terre vivante.

L'Isolation thermique écologique, de Jean Pierre Oliva,
aux éditions Terre vivante.

Le DVD éco-construire, en bois, paille, terre,
aux éditions Goutte de sable.

Peindre et décorer au Naturel, de Nathalie Boisseau,
aux éditions Alternatives.

Yourtes et tipis, d'Isabelle Bruno,
aux éditions Hoëbeke.

Habitat plume, de Christian Lagrange,
aux éditions Terre vivante.

Le Grand Ménage, de Raffa,
aux éditions Soliflor.

Détourner les emballages, de Martine Camillieri,
aux éditions Tana.

Créations au naturel, de Nathalie Boisseau,
aux éditions Alternatives.

Le Bambou du développement durable à la création d'objets,
de Phillipe Casanova, aux éditions Eyrolles.

Un petit coin pour soulager la planète, de Christophe Elain,
aux éditions Association Eauphilane.

■■■ LA SANTÉ AU NATUREL ET LA CUISINE

Le Guide du locavore, d'Anne-Sophie Novel,
aux éditions Eyrolles.

Ma bible de la santé nature, d'Anne Dufour,
aux éditions Leduc.s.

1001 remèdes naturels,
aux éditions Vigot.

Légumes oubliés d'hier et d'aujourd'hui,
d'Yves et Kathleen Paccalet, aux éditions Hoëbeke.

■■■ LE JARDIN ÉCOLOGIQUE

Graine de permaculture, de Patrick Whitefield,
aux éditions Passerelle Éco.

Mon jardin Paradis, de Gilles Leblais,
aux éditions Terre vivante.

Revivre à la campagne, de John Seymour
aux éditions de Borée.

LE VOYAGE ET LA RÉFLEXION

D'un voyage à d'autres, de la famille Bafou,
aux éditions Goutte de sable.

La Révolution d'un seul brin de paille, de Masanobu Fukuoka,
aux éditions Guy Trédaniel.

Avant d'aller dormir chez vous, d'Antoine de Maximy,
aux éditions Florent Massot.

Petit traité de la décroissance sereine, de Serge Latouche,
aux éditions Mille et Une Nuits.

L'Art du désencombrement, d'Alice Le Guiffant et Laurence Paré,
aux éditions Jouvence.

Le Moine qui vendit sa Ferrari, de Robin S. Sharma,
aux éditions Un monde différent.

Le Chercheur d'absolu, de Théodore Monod,
dans la collection Folio aux éditions Gallimard.

Engagement sur une charte pour une empreinte écologique limitée

Les éditions Yves Michel sont membre des éditeurs « écolo-compatibles »

Les éditions Yves Michel se préoccupent depuis de nombreuses années de leur impact écologique ; à ce titre, elles sont co-fondatrices de l'initiative des éditeurs « écolo-compatibles »
(Salon du livre de Paris 2010).

EXTRAITS DE LEUR CHARTE

- Imprimer au moins 80 % de notre production éditoriale sur des papiers recyclés, ou labellisés.
- Imprimer au moins 80 % de notre production éditoriale à moins de 600 km de nos lieux de stockage.
- Donner nos ouvrages en fin de vie à des associations ou dans des actions d'accès à la culture plutôt que de les pilonner.
- Contribuer à des actions associatives en lien avec notre ligne éditoriale.

Plus de précisions et actualité sur le site **www.leseec.org**

Cher/e lecteur/lectrice, lorsque vous achetez un livre, regardez-vous où il a été fabriqué ? Cette curiosité mérite votre attention, car vous découvrirez que la plupart des livres sont aujourd'hui imprimés en Asie du Sud-Est ou Europe de l'Est ; ce n'est pas notre cas, car nous faisons le choix d'éditeurs régionaux et de papier soit recyclé, soit au moins labellisé « durable ».

Merci d'en tenir compte !

Yves MICHEL

REMERCIEMENTS

Ce livre n'aurait pas existé sans le concours de toutes les personnes qui nous ont accueillis pendant notre voyage, celles qui nous ont soutenus, celles qui nous ont aidés.

Je tiens à remercier très chaleureusement :
Bruno, Anne et leurs enfants et amis, Christophe et sa femme, tous les « étudiants » et les profs du stage d'auto-construction d'éolienne, Le Barjonaute, Shraga et Carine, Alexandra, toute l'équipe d'Écolo-Info qui nous a reçus à Bordeaux, Maxime, sa femme, sa famille, ses amis, son réseau, Catherine et Christophe, Rejean, sa femme et sa famille, Andréanne et ses amis, Karen, sa famille, ses amis, Pascal, Chris et Ruth, Manu, Colette et sa famille, Dani, Gayle, Helen, Rick, Jono et Michelle, leurs amis, Loïc et Ayako, Steeve, Tina et Aaron, leurs amis et Tahi, Judy et ses amis, Nancy, Eric, Rick, Jo, leurs enfants, le groupe du « Grow food party crew », Cameron, Heidi, Nelson, Colleen, Mark et Daphne, Takanobu, sa famille, Keisuke, Ann, Sam, Masa, sa femme et leurs enfants, Robert, Yannick et Caroline, Chantal, Nathalie et Olivier, Ludovic, Yann, Sabbio, Anne-Sophie, Antoine Vaccaro, Jean di Sciullo, Audrey Gregorczyk et Marion Huet.

Des remerciements pleins d'amour pour ma famille et celle de Nicolas :
Guy, Suzy, Jocelyne, Florence, Christophe, Mémé, Isabelle et Christine, Pierre et Monique, Muriel, Éric, Jim et sa famille.

Un remerciement tout spécial à Nicolas, mon compagnon de voyage et le papa de notre merveilleuse petite fille.

Photographies
© Nathalie Jouat et Nicolas Bonniot
Mise en page
Marion Huet
Montage couverture
www.cam-et-leon.com

Impression et façonnage : Horizon (13420 - Gémenos)
Imprimé sur : papier recyclé Cyclus print 90 g
N° d'impression : 1308-066

Dépôt légal : octobre 2013
ISBN : 978 2 36429 045 7

éditions
Yves Michel

5, allée du torrent – 05000 Gap – France
Tél. 04 92 65 52 24
www.yvesmichel.org

Toutes les encres et les vernis utilisés sont certifiés d'origine végétale.
Les eaux de mouillage des machines, les plaques,
les produits de développement et les chutes de papier sont recyclés.
Imprimerie certifiée IMPRIM'VERT.

IMPRIM'VERT
Votre imprimeur agit pour l'environnement